政协委员讲

辽宁故事

政协委员 讲 辽宁故事

ZHENGXIE WEIYUAN JIANG LIAONING GUSHI

3

本书编委会 编

中国文史出版社

编委会

目 录 | CONTENTS

我所知道的大连达沃斯

杜两省

2007 年 9 月，第一届世界经济论坛新领军者年会，也就是夏季达沃斯论坛，在大连召开。当时在大连外国语大学念书的女儿是志愿者，我也参加了这一届的论坛，主要是作为听众有了初次接触。《纽约时报》专栏作家弗里德曼专程来演讲。记得他的畅销书《世界是平的》里有这样一段话："很多中国的城市正在崛起，它们竭力争取的是知识密集型的商业机会，而不仅仅是大规模的制造业。大连的大楼上的标识可以证实这一点：通用电气、微软、戴尔、甲骨文、惠普、索尼和埃森哲。这些跨国公司在亚洲地区的后台支持工作、软件研发工作都在这里完成。"

以我从事经济增长理论和宏观经济政策研究的经验看来，夏季达沃斯论坛与其他经济领域的论坛或会议有很大不同，它针对世界 500 强到 1000

强的企业，参与者都是全球最有发展潜力的增长型企业，还有各国的政界、企业界、学术界的精英人士。大家在这个平台上开展对话、互动合作，从中能够感受到世界经济发展的趋势和脉动。

2011年9月，第五届夏季达沃斯论坛在大连举行。和讯网联合国内顶尖学者与企业家举行"2011达沃斯和讯之夜"论坛，主题为"变局下的中国策"，探讨金融危机后全球经济变化与中国应对策略，我受邀参加并发表了主题演讲。我提了一个观点：中国经济现在已经到了刘易斯拐点，即劳动力过剩向短缺的转折点，说明中国的经济已经发生了比较大的变化。我举了一个自己实际调研的例子：在我的家乡晋南农村，农业比较发达，前些年农村剩余劳动力很多，可是我2011年夏天回去时发现，排除掉通货膨胀和生活成本上升对劳动力转移的影响之后，农村剩余劳动力基本上没有了，农村工资和城镇工资差不多。当时这个观点有些超前，引起了讨论，参与的不仅有经济学界的也有企业界的，还有政府领导，现场就有人提问质疑，交流讨论的气氛非常好。

夏季达沃斯论坛落户大连具有重大意义，它带来了民族自信心和自豪感，带来了大连市民的荣誉感和建设大连的责任感，带来了新的认识、新的理念和合资合作的机遇与平台，提升了大连的能力，提高了城市市民的文明素质和大连城市的国际知名度。有资料显示，达沃斯论坛超过90%的会员单位认为大连是中国北方的重要城市和东北地区对外开放的前沿高地。

仔细梳理2007年至今大连达沃斯论坛中出现的新名词、新观点，如"互联网""新兴产业""智慧城市""大数据""数字经济""全球化4.0"等，很多都已内化于大连的发展构想之中。几乎每次年会，大连市与参会企业都签下数十亿美元的合作大单，投资方涉及日本、韩国、荷兰、法国、美国、加拿大、巴西等国家以及中国香港地区，项目涉及新能源、新材料、石化、汽车零部件、信息技术、健康医疗、金融、旅游、商贸等多个领域。截至目前，世界500强企业在大连落户115家，投资项目达269个。

通过大连的"窗口效应"，世界对辽宁的区位优势和产业布局有了越来越多的了解，辽宁企业近距离接触新理念、新模式、新技术、新方法，在"思想盛宴"中汲取新营养。2019年，辽宁省十四市市长首次集体亮相达沃斯论坛，向世界宣传自己，向产业变革寻求发展新动力。

一个城市有了发展的"势"，就自然会使各类经济主体对其在大连的发展前景形成良好的预期，提高预期投资的未来收益，人才、技术、资本等各种生产要素也都会更多地流向大连。我们要更多地思考，怎样分享思想，让更多大连企业界的人参与进来，让来自全世界的新领军者通过参加这个论坛更好地了解大连，在大连投资，在大连发展。借助在大连举办的夏季达沃斯论坛，让世界更多地关注中国，更多地关注中国经济，更多地关注中国企业，也让辽宁近距离了解世界，让更具发展活力的辽宁进入世界视野。

（作者系辽宁省政协委员，东北财经大学经济学院教授、博士生导师）

职教城的新探索

孟　静

在钢城鞍山有一座家喻户晓的职教城。职教城占地面积 128 万平方米，现入驻中、高职院校共 12 所，在校生 2.4 万余人。它不仅是鞍山的城市名片、辽宁的职教名片，更是东北地区技术技能人才培养的摇篮。

职教城的建立要追溯至 2010 年。鞍山市委、市政府在全国率先创新职业教育管理体制，打破部门管理和学校类别界限，将职教城内原隶属教育、人社等部门和县区管理的中职和技工院校成建制划归职教城管委会管理，形成统筹管理、资源共享的"鞍山职教

模式"。

如何为全国职业教育创新发展提供可学可鉴的"鞍山方案"？以此为目标，鞍山职教人开启"双元培育"的探索实践。2016年5月，鞍山市被国家发展改革委等部门确定为首批双元培育改革15个试点城市之一。职教城作为试点任务主要承接单位，坚持高标准起步、高质量推进、高效率完成，遴选6所中职院校、15个专业、75家企业，积极开展"企业+学校"的"双主体"育人模式改革，围绕投入主体、管理主体、教育主体、评价主体等多个方面，为企业发展提供精准、有效的技术技能人才供给。2021年初，国家发展改革委在"十三五"时期产业转型升级示范区典型经验做法通报中，对鞍山职教城的实践探索给予高度评价。

十年磨剑终成锋。通过不断创新实践，职教城蹚出了一条深化产教融合、校企合作，推进职业教育高质量发展的新路子。目前，职教城"双师型"教师占60%以上，学生参加省级以上技能大赛300余项，其中省赛实现"参赛必获奖"，国赛累计获得3金、17银、48铜的佳绩。

2020年初，职教城在全省率先启动中小微企业职工带薪免费技能培训工作，累计为1385户中小微企业培训职工1.8万余人，有效帮助职工提升技能，帮扶企业稳岗脱困。与此同时，职教城还积极承办国家和省市各类技能大赛，在服务产业转型升级、助推区域经济高质量发展等方面发挥重要作用。

"鞍山职教模式"的成功只是个起点，他们又开始了"二次创业"：2020年7月23日，鞍山职业技术学院成立，结束了鞍山没有独立设置高职院校的历史。组建鞍山职业技术学院，从起草申报报告到省政府批准，仅用三个半月时间，用速度诠释了创新务实的奋

斗精神——"等不起"的紧迫感、"慢不得"的危机感、"坐不住"的责任感，鞍山职教城以担当作为迎接着职业教育大发展的春天。

[作者系鞍山市政协委员，鞍山职业技术学院（鞍山市职教城）副院长（副主任）]

老秦和他的龙翔书院

孙柏秋

"宝贵的生命中要有一点儿读书时光。"这是朝阳市政协委员秦朝晖经常说的一句话。也正是抱着这样的初心，老秦贷款在朝阳市慕容街买下 300 多平方米的房子，办起朝阳第一家民办公益书院——龙翔书院。

秦朝晖喜欢读书、写书评、买书、藏书，还总想着办书院。这些年，为让读书人、写书人有一隅静地，他倾其所有，不但花光了

家里存款，还搭上了他和爱人的工资。很多人不理解，认为他傻。"书又不能当饭吃，人生就那么短短几十年，把钱全部用来买书、办书院不值得。"可老秦就是有那么一股子执拗劲，他说："一个充溢着书香气的社会，是令人神往的社会。希望越来越多的人能够爱上读书。"

龙翔书院拥有各类藏书逾4万册，免费开放后，很快成为朝阳读书人的集聚地。大家闲暇时总想着到书院坐坐，喝杯茶，找本心仪的书看。为调动大家的阅读兴趣，在爱心人士及社会各界的支持和帮助下，书院组织书友见面会，开办"龙翔大讲堂""龙翔十二讲""首届朝阳文化活动周"等活动；同时，召开本地作者小说、诗歌研讨会，诗歌朗诵会，赢得市民的广泛好评。如今，龙翔书院的书友上到70多岁的老人，下到刚刚上学的孩子，有工人，也有时常从乡下赶来借书的农民，每天都是热热闹闹。

"传承中国古代书院讲学、藏书、文化教育普及、学术研究等传统，开展文化惠民、文化研究、图书编辑整理等活动"是龙翔书院的服务宗旨。为践行这一宗旨，老秦经常邀请国内外知名作家、艺术家、学者到书院进行各类讲座和学术研讨会，开办"文化惠民"系列公益讲座，协助政府部门开展文化与艺术领域调研活动，为作家、艺术家、文艺工作者提供创作、读书、考察、采风等服务。自建院以来，书院先后举办3次全市阅读与文学大赛，参与者逾万人次；邀请外地知名专家学者到朝阳讲学10余次，受众达2000余人次；邀请本地人文、国学、书画、摄影等方面的专家学者走进学校、社区、机关单位进行讲学，受众达2万余人次。

龙翔书院声名远播，秦朝晖的事迹也得到社会各界的支持和关注。他被省文联评为优秀文艺志愿者，先后出版《手稿消逝的年代》和《守望与诉说——辽宁作家个案研究》两部文学评论集，其中

《守望与诉说——辽宁作家个案研究》荣获第八届"辽宁文学奖·文学评论奖"。同时，他还被省委宣传部确定为宣传文化系统"四个一批"人才。

"士不可以不弘毅，任重而道远。"如今，已过天命之年的秦朝晖依然痴心不改，每天不知疲倦地在书院默默耕耘，奔波于宣讲阅读的路上。正如他所说："让书香浸润朝阳，让人人尽享美好的阅读时光。"

(作者系朝阳市政协委员，民进朝阳市委专职副主委)

胸怀家国，圆梦飞天

孟伟洁

在国防科工委将军楼内，一位年近 90 岁的老人正聚精会神地关注着神舟十三号传回的各种信息。他就是中国载人航天工程首任总设计师、国家科技最高奖获得者、中国载人航天功勋科学家、现任中国载人航天工程高级顾问王永志。

1932 年，王永志出生于铁岭市昌图县八面城镇董家屯的一个贫苦农民之家。他出生时，正赶上日本占领东北。"出荷粮""抓国兵"使这个贫困之家更加艰难。在王永志 6 岁时，父亲买回旧报纸让他糊墙，他看着报纸，迫切想读出里面的内容。之后，他常常望着富人家背书包上学的孩子发呆。年长他 19 岁的大哥看出弟弟对读书的渴望，不顾父亲的反对，把正在帮家"捡粪""打柴"的他送到离家 8 里外的八面城南街完小读书。小学三年级时，王永志的父亲因病去世，给这个原本就很困难的家庭雪上加霜，王永志不得不停止学业。但大哥却说："父亲没了，你还有大哥，再难书也得念！"返校后，王永志更加用功。班主任刘汉甲老师回忆说，王永志用劈开的高粱秆做格尺，自制文具盒，拿包袱皮当书包，冬天路上同弟弟换着戴一个狗皮帽子，没棉鞋穿就在课间到操场跑步取暖，中午常常不吃饭。就是在这样的条件下，他奋发图强，品学兼优，成为班级同学的好榜样。

艰苦求学报国路。1945年底，王永志考入八面城昌北中学，学校因战乱时常停课，王永志再次失学在家务农。1947年秋，昌北中学复课，王永志为减轻家里负担，走读不住校，每天带一把高粱米解决午饭问题。中学期间，他门门功课都在学校名列前茅，并光荣地加入中国共产党。此后，他将自己的命运与国家的命运紧紧连在一起。1950年，王永志被保送到沈阳东北实验中学读高中，后考入清华大学航空系飞机制造专业。因国家需要，清华毕业后，他赴苏联留学6年，先学飞机设计，后改学火箭导弹专业。

披肝沥胆圆国梦。学成回国后，王永志全身心投入到我国第一代导弹火箭的研发工作中。他负责总体设计的我国第一枚射程1万公里的洲际导弹研制成功后，又挂帅我国第二代导弹研制工作，成为洲际导弹总设计师。1986年，王永志出任中国运载火箭技术研究院院长。在30年时间里，他参与或主持了东风系列6个型号的洲际导弹研制工作。

1992年，王永志出任中国载人航天工程首任总设计师。两年后，62岁的他被任命为少将军衔，成为新中国继钱学森之后第二位将军科学家。面对中国载人航天这个国家"天字号"大工程，王永志以将军的从容和傲视国际群

王永志在基层单位指导工作

11

王永志与航天员亲切交谈

雄的自信，从零开始，率几十万航天大军，跨越国际40年发展历程，于2003年把中国第一艘载人飞船"神舟"五号送上太空。当"神舟"五号返回地面，杨利伟走出舱门时，举国欢腾，中华民族圆了飞天梦。

王永志一生为国家干成三件大事：研制战略导弹、研发运载火箭、送中国人上太空。他将毕生精力和心血倾注到国防和载人航天事业之中，是国际公认的对载人航天工程技术有杰出贡献的科学家。2010年5月4日，国际永久编号46669号小行星被命名为"王永志星"。

成大事者必有大志向、大情怀。王永志为国铸剑飞天，为后来者立志报国树立了榜样。

（作者系铁岭市昌图县政协委员，铁岭市昌图县政协委员工作委员会主任）

162 位烈士找到了亲人……

宋立跃

近日，电影《长津湖之水门桥》在全国公映。作为电影《长津湖》的续篇，它刻画了志愿军战士们在新兴里和下碣隅里之战后，在敌军撤退路线的咽喉之处水门桥阻击敌军的英勇事迹。

电影中，我们在一同感受伟大抗美援朝精神的同时，也体会到战争有多么残酷，仅长津湖战役中，我军就伤亡 19202 人。据统计，抗美援朝期间，先后有 197653 名志愿军将士牺牲在朝鲜战场上。烈士的忠骨大部分埋入各地烈士陵园中，少部分至今仍留在朝鲜。由于当年信息闭塞、参战仓促等原因，很多烈士的亲属及后代并不了解相关情况。以丹东为例，市内几处烈士陵园里安葬着 2000 多名志愿军烈士。记得 2011 年，我在丹东市委宣传部工作。清明节，《丹东日报》记者采访时发现，60 多年来丹东抗美援朝烈士陵园中河南籍 60 位烈士的亲人从未来祭奠过，其他烈士陵园中有 141 位山东籍烈士没有亲人祭扫过……

"英雄们为国家和人民献出了生命，亲人竟不知他们魂归何处。现在，烈士们的兄弟姊妹甚至子侄一辈也已经七八十岁了，再不寻找恐怕永远没机会了！"为了让更多的烈士与亲属后代取得联系，丹东市依托丹东日报社宣传平台优势，连续十几年与丹东抗美援朝烈

士陵园、外地媒体及志愿者联手，为安葬在丹东的抗美援朝烈士或安葬异乡的丹东籍烈士寻找亲人。60多年过去了，一家一家寻找不现实，便把60位河南籍烈士的姓名、籍贯、原部队番号逐一抄录下来，还为每座墓碑拍了照片，借助辽宁、河南两地的新闻媒体刊发信息寻亲。为志愿军烈士寻亲活动，一时成为媒体关注的焦点，仅一周时间就为11名河南籍志愿军烈士寻找到亲人。

当年中秋节前夕，《丹东日报》和《齐鲁晚报》以"梦圆中秋"为主题，共同开展为山东籍志愿军烈士寻亲活动。《齐鲁晚报》以重要版面刊发山东籍志愿军烈士的详细信息，两报遥相呼应，连续跟踪报道寻亲进展情况，在很短时间内，就为张崇华、冯兆柱等14位山东籍志愿军烈士找到了亲人。当年，这些烈士亲属组团来到丹东，集体祭奠亲人和陵园中的其他志愿军烈士。

随着烈士亲人的找到，烈士生前鲜活的英雄故事跃然纸上，让人感慨万千。有的背着家人偷偷加入志愿军；有位烈士为了达到参军体重标准，征兵体检时偷偷在衣袋里放了两个秤砣……

河南巩义籍烈士李天义，是兵工厂技术人员，抗日战争爆发后撤至抗战大后方重庆，与妻女一别就是11年。后来加入解放军入朝参战，在一次往前线运送军火弹药时，不幸遭美军轰炸，双腿被炸断。他爬行3公里回到部队，终因不治牺牲。李天义烈士曾有个幸福的家。长女李玲至今仍清晰地记得，爸爸妈妈和她在北京有过不到1年的温馨生活，高瘦英俊的父亲经常把她扛在肩上。河南西华县籍烈士李俊彦是个孤儿，1938年李俊彦跟着共产党的部队走了，此后70多年没有音信。李俊彦烈士102岁的堂姑李敏还健在。当李敏老人听说有记者来村里打听李俊彦时，她睁开昏花的双眼，用低哑的声音问："俊彦有消息了吗？"就这一句话，让记者泪流满面……

2011年至今，丹东市已累计为162位烈士寻找到了亲人。

为英烈寻亲，意义深邃，每位烈士、每个烈士家庭都有着类似的感人至深的故事。这些感人故事，对于赓续丹东红色基因、继承先烈遗志，功莫大焉。寻亲的过程和成果，更为社会提供了丰富和翔实的爱国主义和革命传统教育素材。近年来，在持续为烈士寻找亲人的同时，《丹东日报》与丹东多个志愿者团队还共同发起"代为烈士扫墓活动"，每年都有数百人主动到各陵园代为扫墓。

为烈士寻亲过程中，找到了烈士亲属对丹东割舍不去的特殊亲情，也找到了人们对丹东这座英雄城市的全新认知、深刻解读与敬重，更找到了建设丹东的新动力和精神内涵……70多年前，处在抗美援朝战争大后方最前沿的丹东人民，提出"要人给人，要物给物，要血给血，要什么给什么，要多少给多少"的响亮口号，在那场保家卫国的战争中做出了特殊贡献。在抗美援朝纪念馆里有这样一组数字：1950年至1953年，安东市参战民工220947人，其中随军赴朝参战民工2万余人次；出动战勤大车41814台；3万名妇女参加拆

15

洗、缝纫、护理等拥军队伍；青年和学生自愿组织输血队，仅元宝区青年便为志愿军输血达58万毫升……

丹东这片红色的热土与祖国血脉相连，承载过苦难，创造过辉煌。如今，站在新时代新征程新起点上，丹东人民正在市委的坚强领导下，发扬伟大的抗美援朝精神，保持全国双拥模范城市的荣誉，不断从英烈身上汲取伟大的精神力量，以高昂的精神状态，以英雄城市的大胸怀、大气魄，汇聚全市力量，努力建设开放型城市、创新型城市、幸福宜居城市，为实现中华民族伟大复兴中国梦贡献新的力量。

（作者系辽宁省政协委员，丹东市政协主席）

"破茧成蝶"的18年

袁 滨

18年之于个人，是从出生到成年的时间；18年之于企业，恰似意气风发的青年，挽起袖子，用他那钢铁般的臂膀和使不完的拼劲努力向前。

起步，小团队奠基大事业

2003年，华晨宝马公司只有二十几人。

这年，我入职华晨宝马成为公司首批员工。在大东工厂，所有员工同在一间满是蓝色隔断的办公室里工作，身为人力资源部两名骨干之一，我从每月为同事们建立员工档案、发工资、提供社保保障这些最基本的工作开始做起。这段泛黄的记忆映射了当年在辽宁外企凤毛麟角的大环境之下，沈阳外商融合企业的发展雏形。

伴随着新工作系统建立，我和同事们搭建了公司最早的人力资源管理体系，创立适宜本土的企业文化、联结与德国同事间的沟通桥梁等。我们连续两个月加班至深夜12点，面对工作精气十足越战越勇。这么好的品牌和平台任我大展拳脚，虽摸索工作方式的过程无比艰辛，但其中获得的荣誉感和使命感如同兴奋剂般不断激发着

17

我的工作活力与创造力。同年 11 月，华晨宝马公司第一台国产
BMW 5 系的第五代 BMW 530i 轿车在沈阳正式下线，这部融合了美
学设计与尖端科技的豪华轿车是当时中国生产的最先进、最高档的
汽车。有幸见证这震撼整个中国汽车行业发展的历史一刻，令我倍
感骄傲和自豪！

攻坚，一张中国地图吸纳八方人才

2011 年，公司年招聘任务将近 5000 人。

接到这个工作任务，我感受到前所未有的压力和挑战。当时正
值华晨宝马扩大生产规模、扩建项目的关键之年，从铁西工厂、研
发中心到动力总成工厂人才需求不断，而本地人才库早已无法满足。
面对这突如其来的"用人荒"，我带领团队摊开一张中国地图，标注
上所有与华晨宝马用工需求相契合的整车厂和公司做系统定向分析，
将全国划分成几个区域，利用周末时间做人才点对点的招聘和洽谈。

求贤若渴的 HR 团队采取"走出去，请进来"的招聘模式为公
司发展吸纳了八方人才，还在十年前巧用互联网资源首创"线上媒

体招聘"平台，通过微博做好雇主品牌宣传、树立品牌核心价值观的同时，还收到来自全国各地行业精英的求职简历。账号粉丝数超出同行竞品的 10 倍甚至 20 倍，吸引了众多车企品牌纷纷效仿。德国总部也同样关注到沈阳团队的成功举措，主动学习并将"沈阳经验"推广到全球更多的国家和地区。这一年，我们团队圆满完成这看似不可能完成的招聘任务，华晨宝马在沈阳扩大生产规模建新厂的消息也占据各大新闻媒体头版头条。

变革，在危机与挑战中迎接希望

2021 年，公司总人数 2 万有余。

倘若用一个词语来形容如今华晨宝马的发展状态，那就是"变革"。

科技以人为本，面对新工厂明年将正式投产运营，还有数字化、5G 技术带来的工业战略转型，人才是否已准备就绪？变革促使我变换"打法"，将工作重点转移至员工培养上。一对一精准识别高潜力人才，帮助员工补齐短板、拓宽发展前景，打造领导岗位"继任者"，落实外籍人才岗位本地化……创新的管理举措成功激发起员工时刻拼搏向上的学习动力，形成永葆好奇心的工作常态，促使大家勇于突破自己的舒适圈直面变革。

有人问我：多年"打鸡血"式工作状态会感到累吗？我的答案是："累吗？并没觉得。工作就像装配车间的硕大齿轮，让我身不由己地随着公司发展步调不断向前。工作令我快乐，人在快乐时可以释放出许多积极的信号和正能量，影响自己，激励他人，同时也会屏蔽掉那些扰人的负能量。每天应对新的话题和挑战，让人既兴奋又激动，我是双子座，一成不变才是我最怕的事。"

苟日新，日日新，又日新。

18岁之于企业恰似意气风发的青年，挽起袖子，用他那钢铁般的臂膀和使不完的拼劲努力向前。而这一阶段，处在中国汽车工业发展上升期的华晨宝马选择扎根沈阳，不断践行先进的可持续发展理念，成功树立了德国"工业4.0"对接中国智能制造的典范，在东北振兴和工业升级中扮演先锋角色，也是中德两国在经济领域深化合作的又一宝贵成果。就在前不久，第400万辆BMW汽车在大东工厂成功下线，骄傲的数字正是华晨宝马扩大投资增加沈阳生产基地产能所呈现的高光时刻！品质过硬的"made in China"在供应着中国市场需求的同时，正源源不断地从沈阳出发，驶向更为广阔的

全球市场。

借助时代东风,承载多元文化,傲立行业排头。多年来,华晨宝马为沈阳提供了几万个就业岗位,带动周边配套产业发展,建立沈阳汽车产业完善的闭环式供应链条,连续 14 年成为辽宁省企业纳税第一名。优异的成绩单离不开政府政策上的扶植,而华晨宝马的成功同样带动着沈阳营商环境不断优化,从产业和文化的角度打造城市经济发展和高质量发展双赢的全新产业格局。

面对着这座城市的发展和变化以及近年来的诸多挑战和困难,我同华晨宝马一道在变革面前迎难而上,用咱沈阳人与生俱来的乐观心态直面未来,迎接更加耀眼的阳光与希望。

(作者系沈阳市政协委员,华晨宝马汽车有限公司人力资源管理部总监)

别样的早市

王　荐

　　我的家乡铁岭是塞外文化名城，有"东北书画第一市"之美誉。这里不仅有熙熙攘攘的生活早市，还有别具一格的驻跸园书法早市——它是铁岭市书协开展书法普及和书法惠民工作的缩影，为这座充满烟火气的东北城市增添了书香墨韵。

　　组织起"驻跸园书法早市"的段振芳是土生土长的铁岭人。爱

好读书的他曾以做杂活儿维生。在业余时间里，他不断地购书、读书，家中渐成书屋，吸引众多亲朋好友前来借阅。段振芳的名气越来越大，慕名前来的人也越来越多。家中空间局促，为了方便大家借阅，他干脆把书搬到了早市，免费供大家阅读。遇到爱不释手的，便有了快乐的交易。每天前来的读者和买者络绎不绝，书摊就这样顺势而起。

近些年，在铁岭书协的努力下，市民学习书法的热度越来越高。段振芳便购入大量钢笔、毛笔和字帖等书法资料，供书法爱好者交流分享。而后，与时俱进的他又购进书法水写布，边销售边练习。这一创意吸引了很多书法爱好者驻足，有的干脆在书摊上操练起来。有需求就有供给，段振芳又免费提供桌子、水写布、毛笔等用具。摊子越"铺"越大，书摊的名气也越来越大。我和市书协的秘书长于一丁听说后，经常到段振芳的书摊"串门"，或现场指导，或临摹示范。张儒、赵国忠、张国成等书法家更是成为书摊常客。段振芳的书摊又从书法摊过渡到了"书法早市"——这里成了大家学习书法、切磋技艺、陶冶情操的快乐驿站。

在书法早市，书法爱好者挥毫泼墨、各显其能，把写好的作品悬挂在路边的树上，供逛早市的人们欣赏品评。赵国忠还在地摊边上办起了个人书法展。受此启发，2019 年 5 月 1 日，书法爱好者进行首次书法绘画展示活动，各种字体的书法、写意画等作品挂满路树，围观和拍照的人络绎不绝，称赞声不绝于耳。首展的成功给了书法爱好者们更足的信心。10 月 1 日，他们又举办了庆祝新中国成立 70 周年书法展。2020 年，举办了以"学习雷锋高尚品质"为主题的书法展。2021 年，又先后两次举办庆祝中国共产党成立 100 周年的书法绘画展览。活动中，我们与书法爱好者共同书写百米长卷，为参与和围观的书法爱好者赠送毛笔和卷纸。我们还现场讲解了笔

法、章法的运用，针对大家在创作中的疑问进行答疑解惑。6月20日，书法爱好者再次书写百米长卷，著名书画家杨一墨也前来参加书法创作活动。如今，书法、唱歌、舞蹈等活动此起彼伏，驻跸园早市呈现出浓厚的"听党话、感党恩、跟党走"的喜庆气氛。

造福桑梓，成长自己。2021年9月，段振芳等人被批准成为铁岭市书协会员，另有30余人参加了市区书画展。作为传承中华优秀传统文化的亮丽风景，这个被多家媒体竞相报道的"别样早市"，使大家重新认识了"大城市"铁岭——这里不仅盛产欢声笑语，还是文化艺术的宝藏。

（作者系辽宁省政协委员，辽宁省书法家协会副主席、铁岭市书法家协会主席，铁岭市文联二级调研员）

英雄故里换新颜

孙靖雯

丹东凤城市的赛马镇是东北抗日联军第一军的主要根据地和抗联西征的出发地，先后进行了梨树甸子战役、摩天岭战役等数十次战斗。这里也是抗日英雄、东北抗日联军第一军政治部主任宋铁岩的牺牲地。现如今，赛马人传承抗联精神，奋发图强，艰苦创业，依托红色遗迹和青山绿水，闯出了一条乡村振兴之路。

宋铁岩历任南满游击队政委、东北人民革命军第一军政治部主任、东北抗日联军第一军政治部主任等职务，是中共南满特委、南满省委委员。1937 年 2 月，年仅 28 岁的宋铁岩掩护战友突围时中弹牺牲。赛马镇蒲石河村的大西岔沟深处，便是宋铁岩牺牲后的安葬地。据当地村民介绍，宋铁岩中弹牺牲后，抗联和当地百姓将其白布裹身后便匆匆下葬，为了避免被敌人发现，安葬时不能立碑，

只能以一棵大柞树作为标记。

2014年9月1日，宋铁岩被列入民政部公布的第一批300名著名抗日英烈和英雄群体名录。

"从南满，到江边，树挨树，山连山，青山绿水好江南。同甘苦，共患难，打日寇，反伪满，走上抗日前线。"这是一首由宋铁岩作词作曲并在当年被广泛传唱的抗联歌曲。如今，这首歌被印在凤北抗联遗址陈列馆的展板上，与宋铁岩的名字一起被后人所铭记。

斗转星移，岁月更迭。宋铁岩烈士的事迹一直被赛马人所颂扬，东北抗联不畏艰险、保家卫国的精神也被赛马人所传承。正是靠着这股子拼劲儿和闯劲儿，赛马人依托当地得天独厚的红色资源和自然风光，加大产业结构转型升级力度，全面打造特色旅游小镇，实现了如今生态建设、产业发展、农民致富的多赢局面。

在蒲石河景区，累计投资4.5亿元，开发抗联密营遗址等红色资源、修路、建索道、增设竹筏游船、呐喊喷泉等景点，将景区打造成集生态山水休闲、景色观光、丛林探险、红色教育等于一体的森林公园。在东甸子村，依托废弃的石灰窑车间厂房和数条石灰窑

作业洞，开发成集红色教育基地、观光休闲服务和文化展示于一体的综合旅游项目体。其中，凤北抗联陈列馆、日本侵略时期煤矿微缩场景馆、解放战争纪念馆及赛马地方历史文化馆，拥有大量实物和史料图片，生动地再现了东北抗联当年在赛马生活战斗的场景，复原伪满时期矿井采煤的实况，让人身临其境。

"前进！前进！高举着反抗的大旗，杀向那日本帝国主义。用鲜红的热血、森白的腭骨创造未来的世界。"昔日的抗日烽火早已沉淀为历史，凝结为记忆，转化为新时代赛马人砥砺前行的动力——为实现乡村振兴阔步向前！

（作者系丹东市政协委员，丹东市政协港澳台侨外事委员会副主任）

一生高粱情

邹剑秋

　　不同的人对高粱有着不同的情结：老一代人想到的是漫山遍野的红高粱，中年人想到的是高粱米饭、高粱酒，年轻人想到的是莫言作品《红高粱》和由它改编的影视剧。对我而言，高粱不仅是职责使命，还是难以言说的情怀。

　　辽宁是全国栽培高粱面积最大的省区之一，因此始建于1984年的辽宁省农业科学院高粱研究所是一个实力很强的科研团队，在高粱种质资源收集和保存、高粱育种、高粱分子遗传、高粱栽培等科学研究和技术推广方面都处于全国领先地位；拥有国家高粱产业技术研发中心、国家高粱改良中心、国家高粱原种扩繁基地、辽宁省沈阳市国家级农作物品种区域试验站、辽宁省能源高粱重点实验室、辽宁省农作物分子改良重点实验室、国家科技资源共享服务平台(辽宁) 7个科技平台。我是这个研究所的成员之一，从普通的技术员到学术带头人，几十年为研究高粱而奋斗。

　　随着人们生活水平的提高，从20世纪90年代开始，高粱米逐步退出主食市场，高粱科研和产业发展方向成为辽宁省农业科学院高粱研究所的新课题。高粱所的创新团队深入生产一线、企业和消费者群体，认真调研、分析高粱产业发展需求和存在的问题，将高粱研究重点聚焦到优质酿酒高粱杂交种选育和关键技术攻关上，特别是加强了糯质高粱的资源评价和创新利用，力求以酿酒业对优质专用高粱的需求为契机，带动高粱科研和产业发展。

2008 年，国家高粱产业技术体系启动。我作为首席科学家和国家高粱改良中心学科带头人，领衔组建了全国高粱研发团队，从产地到餐桌，从生产到消费，从研发到市场，开展了紧密衔接、环环相扣的全产业链创新和服务，与全国知名的茅台、五粮液、泸州老窖、古井贡、衡水老白十、山西陈醋等酿造企业建立了长期合作。

理论与实践相结合，高粱所在种质资源创新、新品种选育等方面不断取得重要突破：主持育成的高粱不育系 7050A 在全国广泛应用，居国内领先水平；在国际上首次应用不同细胞质构建完成甜高粱育种技术体系；选育的优质酿酒糯高粱品种辽粘 3 号，淀粉含量高达 78.1%，品质好，出酒率高，创下了亩产 952.4 公斤的高产纪录，成为国内各大知名酒企竞相采购的专用高粱品种。

更令我们欣慰的是，科研成果转化实现了致富一批、造富一方的小目标：葫芦岛种地大户锁哥因种高粱存款"转正"，现在人称"常百万"；北镇高粱种植大户王子山，家中的第一桶金就来自高粱收益；建平汉奎土地专业合作社屡创高粱高产纪录，亩纯收入连续3年近2000元……高粱科研和产业的发展，不仅促进了各地种植结构的调整，也助力了脱贫攻坚和乡村振兴。

因为高粱，我的每一天都充实而忙碌。最令我感到骄傲的是，2018年，我作为组长，同全国高粱专家一起积极配合商务部对原产美国的进口高粱进行反倾销和反补贴调查，提供了大量可靠的资料，形成有力的证据支撑，有效阻击了国外进口高粱对我国高粱生产的冲击。

回望几十年来的人生之路，最好的年华与火红的高粱为伴，喜怒哀乐与高粱紧密相关。有人说，研究高粱"接地气"，高粱红是我脸上的色彩；有人说，高粱所的研究"有底气"，全产业链的价值是生产者和消费者共同的收获。

（作者系辽宁省政协委员，辽宁省农业科学院高粱研究所所长）

我的京剧梦想

肖 迪

作为京剧梅派艺术的第三代传人，在舞台上有众多的角色需要我来演绎；作为辽宁籍的艺术工作者，戏内戏外有重要的使命需要我来承担。我的生活，因角色而绚丽多彩；我的生命，因使命而超越平凡。

一颗捍卫传统心

在 200 余年的发展过程中，京剧艺术逐步成熟与完善，形成了独有的艺术程式和表现手法。其独具特色的艺术特征和高度程式化的舞台表演就是我们所说的"传统"。梅派艺术是主张创新的流派，但这个创新必须站在传统的角度来合理尝试。多年来，我积极探索平衡传承与创新的关系——无论做何种创新的尝试，

都坚守京剧艺术和梅派艺术固有的法则和程式。

一颗追随时代心

京剧是传统的艺术，也是创新的艺术。自清末至今的 100 余年中，京剧艺术沿着一条实践探索的主线不断完善自我、超越自我，从而呈现出今天多元的"打开方式"和表现形式。我的师爷梅兰芳大师一生坚守"移步不换形"的艺术准则：万变不离其宗，京剧流派艺术的内核和风骨恒常不变，这是"不换形"；但艺术总归是要"移步"的——它必然会因时代的变迁和社会文明的进步而呈现出不同的、多样的、多元的"打开方式"和表现形式。先师梅葆玖先生实干创新，在他的指导鼓励下，梅派失传名剧《嫦娥奔月》得以在辽宁复排并成功上演，成为京剧艺术史中浓墨重彩的一笔。在我看来，艺术与时代的关系是若即若离的：既不能完全同步，又不能过度偏离，其中的微妙难以尽述，但作为艺术工作者，只有紧跟时代的脚步，做时代的追随者，才能令艺术永葆青春。

梅葆玖先生与弟子肖迪同台演唱

一颗传承使命心

我是梅派艺术第三代传人和在辽宁的唯一继承者，做好梅派艺

术的传承和弘扬是我责无旁贷的任务。梅兰芳艺术研究所成立伊始，先师梅葆玖先生便对研究所和我寄予厚望，多次嘱咐要系统化、全面化、理论化地对梅派艺术进行梳理和研究，做到舞台与讲台的统一与互通。对于先师的嘱托，我深感责任重大，提出"艺术+学术"双轨制研学体系，挖掘整理梅兰芳大师舞台实践与应用范例，整理完善其艺术理论体系，真正做到不但要唱好戏，还要讲好理的研学并重。

一颗坚守梦想心

　　如今，三大国粹之一的京剧艺术不再是主流艺术形式，但这并不影响京剧的艺术价值与地位，不影响我对京剧艺术全身心的热爱与追求。我一次又一次地反思：振兴京剧到底该怎么做？不仅要培养优秀的演员，还要培养优秀的观众。京剧表演艺术家要走下舞台，走出剧场，深入生活，踏踏实实地去讲京剧的故事——我们走近观众，观众才会走近京剧。我愿意坚守艺术、坚守梦想，老老实实地去研究新媒体、开办艺术展览、举办艺术活动，尽己所能做好艺术推广，将其发扬光大。

捍卫传统心、追随时代心、传承使命心、坚守梦想心令我与京剧艺术紧紧相依，令我深切地感受到一个艺术传承人与文艺工作者的责任与义务，驱使我踏踏实实地去完成每一次演出、每一次教学、每一次艺术的弘扬与传播。

"演好角色，做好自己；牢记使命，不忘初心。"这16个字是我的座右铭，时时刻刻提醒着我，鞭策着我。辽宁是我的家乡，也是我京剧梦想启航的地方。我将以毕生的努力与奋斗，让梅派艺术乃至京剧艺术在辽宁收获硕果，绽放荣光。

（作者系辽宁省政协委员，沈阳师范大学教授，梅兰芳艺术研究所所长）

"无言"的英雄

曹 莹

革命战争年代，他经历生死考验，用热血青春诠释了革命战士的赤胆忠心，为保家卫国、维护和平立下不朽功勋；和平建设时期，他深藏功名、淡泊名利，几十年如一日扎根乡村，带领村民们用辛勤劳动改变家乡落后面貌，用敬业奉献彰显了共产党员的初心使命。他就是中国人民志愿军老战士的杰出代表孙景坤。

1924 年出生的孙景坤，曾在辽沈战役中立三等功，在平津战役和海南岛战役中分立二等功。1950 年，朝鲜战争爆发，战火烧到鸭绿江边。刚从海南战场归来的孙景坤第一时间随部队跨过鸭绿江，开赴朝鲜战场。1952 年 10 月 27 日，孙景坤主动请战，带领营部 9 名战士，一人扛着一箱手榴弹，利用敌人的火力死角，机智勇敢地冲上 161 高地，一连击退敌人 6 次反扑，有力支援了著名的上甘岭战役，并立一等功一次。1953 年，在朝鲜民主主义人民共和国举行的纪念抗美援朝战争三周年授功典礼上，孙景坤获"一级战士"荣誉勋章。

1955 年，孙景坤复员，他放弃了留在城里工作的机会，回到家乡丹东市元宝区金山镇山城村，跟乡亲们一起建设家乡。之后，他将组织关系交给村党支部，退伍手续交给地方民政部门，对功绩只字未提。回乡第三天，孙景坤就拿起农具到生产队劳动。从此，孙景坤躬下身子，把军人本色和共产党人的初心使命写在田埂上，种到土地里，照进老百姓的心中。

回乡后，孙景坤在山城村担任村干部。其间，他带领乡亲们大力发展粮菜生产，积极开展乡村建设，用几年的时间在滚兔岭上栽下了 13 万棵松树和板栗树。山城村有一条河，洪水泛滥，常年侵蚀土地，孙景坤带领乡亲们一起拦河造田，改造了 100 多亩耕地……1984 年，孙景坤组织村民先后成立共同致富小组、扶贫致富小组，还把分给自己的 40 亩地重新分配给 5 户从黑龙江迁来的贫困户。在1988 年到 1989 年开展的"三先一优""三先二优"竞赛活动中，孙景坤被评为镇优秀共产党员、"先锋杯"优秀党员。1991 年，他被授予"先进共产党员"荣誉称号。

孙景坤淡泊名利、深藏功名、敬业奉献，一生没向组织伸过一次手、张过一次嘴，子女们没跟着这位功勋卓著的父亲沾过一分光。孙景坤有 7 个子女，除了 2 个儿子通过正常招工当上工人外，其余

都是农民。几十年来，身边的人只知道孙景坤当过兵、上过战场，可对他立下的赫赫战功却并不了解。直到丹东抗美援朝纪念馆重建，为新馆开馆征集资料，孙景坤才将立功证书、立功喜报和部分珍贵老照片找出来，捐献给纪念馆。此时，乡亲们才知道身边这位默默为民奉献的老人是一位战斗英雄。

"党和国家给父亲这么高的荣誉，是对他革命战争时期英勇杀敌、建设时期无言奉献的褒奖。父亲淡泊名利，但党和人民从没有遗忘他。" 2021年7月2日，孙景坤的儿子孙福贵将代领的"七一勋章"郑重交给父亲。老英雄嘴角微微上扬，眼里闪着泪光。

（作者系丹东市元宝区政协委员，丹东市元宝区司法局局长）

有种西瓜叫"小黄旗"

宋跃胜

西瓜摊挂黄旗。走在营口盖州市的市场或超市中，总会看到这样独到的"风景"。当地人会自豪地告诉你："买西瓜一定要买盖州土生土长的'小黄旗'。"

"小黄旗"是盖州市黄大寨村出产西瓜的品牌。黄大寨村以西瓜种植为主导产业，采用无公害栽培技术，种植总面积约4000亩，西瓜年产量约2500万公斤，销售额约8500万元，占全村年生产总值的70%。黄大寨村西瓜产业的蓬勃发展带动了周边的协同发展：张大寨村、尚和寨村、新民村、王尔岗村和万福镇、徐屯镇等地也都跟随黄大寨村种植西瓜。通过人工和技术的推广，仅种植西瓜就为周边7个村提供就业岗位1500多个，带动了周边群众共同致富。

2019年，黄大寨村投资40万元注册"黄大寨村经济联合社"，组建12个经营西瓜产业的合作社，进一步拓宽农村增收渠道。

在此基础上，组织成立"黄大寨村西瓜协会"，定期组织瓜农交流西瓜种植技术。村委会还出资帮助精准扶贫户建好冷棚，聘请西瓜种植能手做技术指导，帮助困难户实现脱贫。同年，黄大寨村"营润小黄旗"品牌在国家工商总局注册成功。村"两委"班子又推出西瓜"新卖法"：贴有"二维码"标签的"小黄旗"西瓜正式问世。消费者购买时用手机扫描二维码，即可获知"小黄旗"西瓜的发展历史和绿色无公害生产过程等信息。

如今，黄大寨村的西瓜种植产业名气越来越大，"小黄旗"不仅销往黑龙江、深圳、上海、内蒙古等全国10多个省、直辖市、自治区的120多个城市，还远销韩国、俄罗斯等国家，深受消费者喜爱。通过西瓜种植，黄大寨村的村民们种出致富路，描绘出乡村振兴的壮美蓝图。

(作者系营口盖州市政协委员，中国营口网盖州业务新闻部主任)

鞍山因何得名？

李 兵

鞍山地名从何而来？要从 600 多年前的鞍山驿堡说起。

始建于 1387 年（明洪武二十年）的鞍山驿堡是最早的鞍山城。古城周长 1160 米，高约 10 米，因东西城墙依山崖而建，故仅设东北、西南两门。西南门经修复保存完好，门洞上方有砖雕花纹并嵌有"鞍山驿堡"匾额，额下"万历六年重修"的款识现已不存；东北门已毁，基址尚存。

鞍山驿堡东北距辽阳 30 公里，东南距海城 30 公里。明清之际，

这里既是交通要冲，也是兵家必争之地。1619年（明万历四十七年）以后，辽东经略熊廷弼进驻辽阳，曾多次亲自到鞍山驿、三岔河一带巡视。后金时期，巴布泰作为鞍山驿堡守将，曾在这里与明将毛文龙大战。当时，正要出征蒙古喀尔喀部的努尔哈赤，闻鞍山驿有警，乘夜返回盛京（今沈阳），遣诸贝勒赴鞍山救援——可见鞍山驿当时军事地位之关键。时至今日，这一带偶尔还有箭镞出土。

鞍山驿堡也是一方经济活动中心。据史料记载，驿内车马繁多，商贾极盛。除设有官方机构外，城内还有客栈、当铺、油坊、药铺及日用杂货店铺等。1958年，城内西北角曾发现多处冶炼遗址，说明600余年以前鞍山冶铁业已具相当规模。城内还曾有清代建筑的关帝庙和龙王庙，现已不存。西南门外有石井一眼，口小底大，井内有铁剑、石臼、布纹瓦、绳纹砖、陶器残片等出土，疑为辽代古城遗井。随着清末兴办铁路，驿站逐渐失去作用，没落为山村。位于鞍山驿堡南北各2.5公里处的烽火台，为明代同时期附属建筑。如今，南面烽火台已无存，北面烽火台迄今尚在。位于千山区东鞍山镇四方台村西、哈大公路东侧50米，还有四方台烽火台。作为鞍山的标志性建筑和省级文物保护单位，鞍山驿堡是鞍山的历史文脉之根。我们期盼，鞍山驿堡城墙修复后，再现鞍山原有的历史风貌，重新唤起大家热爱家乡的情怀，成就鞍山文化旅游的寻根之旅。

（作者系鞍山市政协委员，鞍山市商务局对外贸易促进科科长）

为优化营商环境双向发力

张　盈

营商环境是市场经济的"培育之土"和市场主体的"生命之氧"，一个地区只有下好优化营商环境的"先手棋"，才能真正解放生产力、提高竞争力。

2018年以来，阜新市政协一直密切关注和积极参与优化营商环境工作，多次组织相关专委会和委员深入基层审批单位开展调研，查找问题，梳理症结，为"靶向施治"打好基础；多次召开由市政协专委会、市直有关部门和委员参加的座谈会、协调会，沟通情况，征求意见，完善对策思路；多次组织委员赴外省、外市先进地区，考察学习提高行政审批效率的主要经验，拓宽解决问题的视野。将"简化办事程序，提高行政审批效率"确定为市政协常委会议协商议题，召开高质量的专题议政性常委会议和一系列专题协商会，相继组织常委和委员谋优化之举，献营商之策。先后提交《关于"简化办事程序，提高行政审批效率"的建议案》以及一大批协商建议、委员提案和社情民意信息专报，主要建议包括：对标浙江"最多跑一次"、江苏"限时审批"等先进做法，进一步深化"放管服"改革，优化审批流程，缩短审批时间；把开辟新的办公场所、改善审批服务条件作为提高审批效率的突破口，整合分散、狭小的审批场

所，按照设施、机制、效率、服务"四个一流"的标准新建市行政服务中心；推动行政审批"一窗受理、集成服务"和民生服务便利化，实现"只进一扇门，能办大小事"；实行"互联网+政务服务"，提高网上审批事务比例等等。与此同时，市政协持续对营商环境建设相关建议案、提案抓好跟踪督办，每年都组织委员开展监督性视察，了解营商环境建设重要进展，提出改进工作的建设性意见。

近年来，阜新市政协关于优化营商环境的建言得到市委、市政府主要领导的高度重视和批示办理，大量建议"开花结果"，转变为便企利民的现实。

建成综窗改革样板，实现由"N"到"1"转变。重要标志是建成 2.4 万平方米的新政务服务中心，集医保、社保、不动产登记、住房公积金、司法公证、行政审批、公共资源交易于一体，共整合 26 个部门 1157 项审批事项，在全省率先实行"一窗受理、集成服务"综合窗口审批，形成"前台综合受理、后台分类审批、统一窗口出件"新模式，实现由"一事跑多窗"向"一窗办多事"转变，以"四个一流"成为全省政务服务标准化的标杆。

开启工改"3.0 版",审批按下"快进键"。阜新将工程项目审批制度改革作为"放管服"改革的重中之重,在省内率先实现"省市县联办",审批时限由 90 个工作日压缩至不超过 60 个工作日,最短 8 个工作日,成为全省首个实现工程项目全流程无差别综合受理、审批的地级市。同时,实行"联合踏勘+云踏勘"审批模式和情景化 AI 智能审批模式,审批与踏勘同步进行,实现"智能化人机交互"体验,使企业办事便利度大幅提高。

推行"提交一次材料",企业、群众满意度增强。推出"一件事一次办"主题服务,重点围绕出生、落户、入学、置业、医疗等自然人"一件事"和准入、经营、变更、注销等企业"一件事",统一编制标准化、引导式的主题事项办事指南,优化再造政务服务流程,使更多事项变"群众来回跑"为"部门协同办"。目前,全市多部门联办"一件事"上线运行项目达 103 个。

优化营商环境永远在路上。阜新市政协将继续围绕全市优化营商环境建言资政、凝聚共识。

（作者系辽宁省政协委员,阜新市政协党组书记、主席）

打开魅力之窗

刁金翌

1999 年，日本最大的旅游图书出版商昭文社社长来到大连，要将这里的旅游资讯做成特刊向世界推广。此前，他们在上海等地没找到从事旅游图书策划设计的专业团队，只好从日本派记者，耗时 3 个月才完成这项工作。本以为在大连也要 3 个月，没想到仅过了数日，一本条理清晰、拥有海量旅游文化资讯的特刊，图文并茂地呈现在社长面前——大连人讲好"大连故事"的能力，令日本出版人惊讶。

浪漫之都，时尚大连；滨海名城，魅力大连。在国际舞台上，大连首先以"旅游目的地""宜居城市"的形象存在。如何讲好大连的旅游故事，展示大连的魅力形象，是我和我的团队一直思考、探索的命题。20 多年来，我们出版了《大连自助游》中、英、日、韩 4 种语言图书，填补了国内旅游图书的空白；通过《浪漫大连》画册、《神秘旅顺》、《空中看大连》及《大连老房子》明信片、《金石滩旅游指南》等出版物，系统性地挖掘、整理和传播大连旅游资源，助力金石滩国家旅游度假区、西郊度假区、安波国家旅游度假区申报国家 AAAAA 级和 AAAA 级旅游景区，推动这几大旅游景区全面提升。2017 年，大连 VR 全景上线，将大连之美 360 度展现于世界面前，4 个月时间观看人数超 17 万人次。

2007 年，夏季达沃斯论坛首次登陆大连，迄今为止大连唯一一本中英文双语期刊《东方视野》也在这一年发刊，成为大连与世界的沟通窗口。作为外国友人来连后必读的出版物，《东方视野》数次摆放在夏季达沃斯会场及与会代表下榻的酒店。

传播方式的改变，为创意产业发展提供新机遇。2019 年，我们又创建了"海有趣"大连文创品牌："城市标志"文创丝巾入选"大连礼物"和"辽宁礼物"；"大连记忆"系列文创产品让百年建筑再次"鲜活"；"自然知物"系列文创，绘制大连 26 例本土动植物 IP 形象，展现了城市文化新活力，深受年轻人的喜爱……用年轻人喜欢的方式和国际化的语言，讲好属于中国、属于辽宁、属于大连的故事，是当今时代更具挑战性的命题。为了答好这份满意的答卷，我们一直在努力！

（作者系大连市中山区政协委员，大连东方视野文化传播有限公司总经理）

甘做群众"解铃人"

周振环

"办案要有社会责任感，判决书不一定能治'心病'，但是调解成功却能解开'心结'。"这是辽阳市文圣区人民法院专职审判委员会委员何经涛经常说的一句话。作为一名人民法官，他恪守审判工作纪律及法官职业道德，用实际行动践行一名党员法官严于律己、清正廉洁的庄严承诺，多次获"全国先进工作者""人民满意的公务员""模范法官""优秀法官""优秀共产党员"等荣誉称号。

在法院工作的 26 个年头里，何经涛办理各类案件 1600 余件，从未发生过错案和瑕疵案件，化解了大量民间纠纷。家长里短虽琐碎，但没有点儿真本事是真难办。何经涛有一个法官交流群，大家常在里面探讨办案的方式方法。在群里，他是有名的识别伪造合同能手——因为这类案件他办得最多、经验最丰富。年轻的法官遇到法律难题也都会向他请教，作为专业法官会议的成员，他总能提出案件解决办法。

2019 年，"一化两中心"建设时间紧、任务重、专业性强，何经涛服从组织安排，在担任审判管理办公室主任的同时，兼任诉讼服务中心负责人，立案接待、诉前调解、审理案件、审判统计等，

他样样工作都冲在前头。为了提高全院的审判质效数据，他加班加点将考评数据研究透彻，及时调度。同事眼中的何经涛是个急性子，总是忙忙碌碌处理各种工作；但当事人却都评价他是最有耐心的法官。有的当事人在案件处理完后，遇到不顺心的事都会找何法官唠一唠。2020 年，何经涛负责的诉讼服务中心被省高级人民法院命名为标志性诉讼服务中心，他所在部门被授予集体二等功。文圣区人民法院在全省"双激励"审判质效考评中，位居全省第五名。

然而，很少有人知道，这样一个在本职岗位上默默奉献、埋头苦干的基层法官，是一名尿毒症晚期患者。2008 年，在工作岗位上倒下的他被同事送到医院，确诊为尿毒症晚期。在肾移植手术后的第六个月，他就重返工作岗位。在何经涛的办公桌上，除了厚厚的案卷就是一盒盒的药。身体挺不住的时候，他就趁午休时间去打针，生怕耽误下午的工作。他总说自己是一名共产党员，是一名人民法官，面对当事人那一双双期盼的眼睛，他觉得自己要分秒必争，不能停下来。

何经涛把百姓放在心上，把责任扛在肩上，用过硬的政治素养、贴心的办案方式、一流的司法水准，让法律的温暖紧紧贴在人民群众的心坎上，被群众亲切地称为"解铃人"。

（作者系辽阳市文圣区政协委员，辽阳市文圣区法院综合审判庭书记员）

苇海深处养鹤人

侯玉虹

1993 年，从沈阳农业大学畜牧兽医专业毕业的赵仕伟被分配到辽河口（原双台河口）国家级自然保护区鹤站，成为一名人工养鹤员。21 岁的他怀揣梦想、充满期待，愿意在自己热爱的事业中发光发热。正如他在回忆时所说："干一行就要爱一行，我当初的目标就是要做一名合格的鸟类守护者。"

盘锦湿地是东亚—澳大利西亚鸟类迁徙通道中的一个重要停歇地。对于春季迁徙到盘锦湿地的鸟类来说，食物供应非常重要。冬末春初，大地尚未解冻，鸟类所需的食物极其匮乏，人工投食成为鸟类补充食物供应的主要方式。这时，为候鸟提供安全舒适的环境、配上充足可口的食物，是它们安全迁飞到下一站的保证，也是赵仕伟的工作之一。赵仕伟在为鸟儿生存营造良好环境的同时，还要在巡护过程中仔细观察鸟类的生活习性、种群数量和迁徙变化，做好记录，为学术研究提供基础的理论数据。

工作中，赵仕伟经常会发现病伤鸟。善思考、爱琢磨的他又将鸟类救护工作作为新的研究课题。他刻苦钻研，不断探索，逐步掌握了一套救护鸟类的方法。2001 年，阜新市彰武县发现 4 只丹顶鹤

因误食拌有农药的种子而危在旦夕。保护区负责人驱车连夜将丹顶鹤接回，除有 1 只因中毒严重中途死亡外，另外 3 只丹顶鹤在赵仕伟的悉心救治下，一周后又重新站了起来。这样的事情不胜枚举。据不完全统计，经赵仕伟救护的国家一级、二级保护野生动物 100 余只，省重点保护野生动物 300 余只。

同在蓝天下，人鸟共家园。赵仕伟养鹤二十余载，眼界不断开阔，技术本领也不断提升进步。以前看到鹤黏着自己，他就像一个儿女绕膝的父亲一样欣慰。而如今，他尽量与鹤保持着距离，为的是让它们能够保持野性、回归自然，为野生种群注入新鲜血液。从 2010 年开始，赵仕伟发现在鸟类的迁徙季节，常有离群的孤鹤飞到保护区长时间逗留。他尝试每年向野外散放几只成年鹤，与野生鹤组成家庭，以提高丹顶鹤在盘锦繁殖的野外种群数量。在他的努力下，目前已经有 50 只人工饲养的丹顶鹤放飞自然。

看着自己亲手救护和繁育的丹顶鹤飞翔于红滩绿苇之上，赵仕

伟内心充满喜悦。有人问他得失，他笑着说："一辈子坚持做一件自己喜欢且有意义的事是幸福的。我最大的理想就是野生丹顶鹤种群数量能不断壮大，达到生态平衡，再也不需要我们这些养鹤人。"

（作者系盘锦市政协委员，盘锦市现代农业发展中心正高级农艺师）

自掏腰包宣传家乡的摄影师

叶红钢

    44 岁的王谦有"双重"身份：工作中，他是尽职尽责的市文旅广电局对外宣传促销科科长；生活中，他是声名远扬的摄影师。

    我对王谦的了解，缘于一段视频短片——他摄制的太子河赤麻鸭视频，令我在瞬间被震撼和感动。喜欢摄影的我常到太子河边拍摄，知道摄制出如此美妙的画面，不单依靠美感、技巧和运气，背后一定是长久的执着坚守和对家乡深厚而炙热的爱。此后，我便开

始关注他的行踪和作品，太子岛雾凇、核伙沟风光、东山秋景……每一次我都被他拍摄的绝美风光所惊艳。

在一次会议上，我与王谦正式相识。通过交谈得知，他此前在市广播电视局从事演播厅摄像和视频后期剪辑工作，曾拍摄了大量文艺、体育节目，其中包括2001年中国男足冲击世界杯成功后的庆祝直播活动以及中国乒超联赛直播等有影响的赛事。

调到市旅游局后，王谦负责旅游宣传，这需要大量的本地旅游图片。于是，他又开始学习摄影。与摄像不同，摄影是瞬间的光影艺术，对拍摄者在构图、用光、色彩以及美学修养上有着更高的要求。为了拍摄出好的作品，他边向摄影名家请教，边刻苦自学实践。痴迷般的付出终于换来了回报，他的作品多次获得省市奖项，被大量用于全国各种旅游展会辽阳展台主视觉背景。同时，他的作品被多地的机场、火车站、地铁站、楼体广告和主题邮票采用，成为宣传辽阳旅游形象的图片。

2015年，他接到拍摄辽阳旅游视频风光片的任务。担心完成不

好任务，他自费购买了航拍无人机。经过不断的打磨，他的作品多次获奖并被省文旅厅在央视、高铁列车等辽宁形象视频广告中采用。

在一次交谈中，我好奇地问他："你已经在辽阳旅游风光摄影中取得了令人羡慕的成绩，为什么还自费投资搞无人机拍摄呢？"王谦憨厚地笑了笑说："我心底一直有个梦想，那就是让更多的人看到辽阳最美的景色。"没有一句豪言壮语和动人词汇，但我从他的回答中感受到了他对工作的负责和对家乡的热爱。

随着时代的发展，旅游宣传也进入了自媒体时代。他先后在"今日头条""抖音"短视频平台开设了"谦哥-摄影师"自媒体账号，以游记和视频的形式宣传辽阳。迄今为止，他发布的400多条辽阳文旅短视频作品点赞量超过50万，播放量近2000万次，多条短视频播放量破百万。他成为辽阳本地粉丝最多、作品播放量最多的摄影师。

任何成功背后都历尽了艰辛，究竟付出了怎样的努力，外人是很难想象的。为了拍摄夏天清晨那一抹霞光，他凌晨三点便起床，早早来到拍摄地点。冬天为了拍摄漫天飞舞的雪花，常常要顶着零下二十多度的严寒，爬冰卧雪已是常态。

为了唤起更多辽阳人对家乡的热爱，共同建设宜居宜业新辽阳，他组织成立了100多人参加的辽阳旅游摄影团队。令人感动的是，他放弃了所有个人短视频的作品版权，无偿赠给市网信办，网信办将视频作品交给辽阳网红达人，已制作出大量美妙的作品，在宣传新时代新辽阳中发挥了重要的作用。他始终记得自己政协委员的身份，不遗余力把最美的辽阳展现出来。在我心中，他是一位心中有梦的追梦人。

（作者系辽阳市政协委员，辽阳市政协文化和文史资料委员会主任）

休闲农业天地宽

吴　敏

　　不老莓、温泉、民宿，这三个产业每一个都足够吸人眼球。通过强强联手和抱团发展合作机制，辽阳市弓长岭区实现了三产融合的发展模式。在资源的互补共享和农业产业链延伸发展中，企业的知名度提高了，农产品的附加值提升了，农户赚得盆满钵满。

　　休闲农业的发展，不仅带动一方经济，也改善了乡村生活居住环境。弓长岭区对农村生活环境治理及垃圾分类收集减量处理进行规划。5年来，全区垃圾清运年产量达 38600 立方米，修建垃圾池360 个，解决了垃圾乱扔、乱倒现象，清理整治积存垃圾 3500 多车，

垃圾量同比下降42%。实施村屯绿化、美化面积4.6万平方米,累计栽植各类花卉72万余株,村容村貌明显改观。开展"优美庭院"评选活动,形成"百户带动、千户联动、万民参与"的局面,村风民风明显转变。美丽乡村建设持续提档升级,姑嫂城村和瓦子村被评为2019年省级美丽乡村示范村。

产业发展了,环境改善了,农民致富水到渠成。"农家乐"、乡村娱乐等产业从"单向推进"向"融合发展"转变,农民的致富渠道扩宽了,采用"互联网+"线上与线下同步销售模式,吸引游客前往果园采摘尝鲜。成立了旅游投资有限公司,开展"温泉+休闲旅游"运营模式,引导合作社、民宿农庄、致富带头人与龙头企业建立利益联结机制。目前,农民从业人数达3500人,人均年收入达20000元。

目前,弓长岭区共拥有国家级休闲农业和乡村旅游示范点1个,省级休闲农业和乡村旅游特色乡镇2个,省市级休闲农业旅游示范点35个,休闲农业聚集村7个,民宿集聚村3个,休闲农业精品旅游线路4条……通过弓长岭区旅游节、兰花节、葵花节、油菜花节、乡村美食节、篝火晚会等休闲农业节庆活动,吸引了八方宾客。2022年8月,农业农村部发布首批全国休闲农业重点县名单,弓长岭区成为辽宁省获此殊荣的两个县(区)之一。弓长岭区将以此为激励,着力开发新产业、新业态、新模式,努力绘就家门口的诗和远方。

(作者系辽阳市弓长岭区政协委员,辽阳市弓长岭区农业农村局副局长)

沈阳"金娃娃"

袁庆伟

在沈阳市铁西区坐落着沈阳国家级生产性服务业总部基地——铁西金谷。当地人都说，这里是沈阳西部的"金娃娃"。

之所以命名为"金谷"，还要从 2010 年沈阳市铁西区被国家发改委正式确定为全国服务业综合改革试点区域说起。铁西区是辽宁省唯一获批的试点区域，按照试点工作的要求，要在 2011 年至 2015 年内建设国家级生产性服务业集聚发展示范区，成为生产性服务业体制机制创新先行区、产业集聚发展中心区和配套功能完备的示范区。为此，铁西区在北一路北侧区域规划建设国家级生产性服务业总部基地。总部基地要有一个响亮的名字。"铁西"是区域定位；"金"字则有三方面含义：一是"金"字有个谐音是"筋"，有筋骨（谐音"金谷"）脊梁之意；二是北一路以金属交易产业为基础，"金"字可以代表装备制造业；三是寓意多金多财。"谷"字也有几个含义：一是代表丰收，财源滚滚；二是期望能与"硅谷"齐名。"金谷"之名就是希望铁西能挺起装备制造业的筋骨脊梁，为铁西创造财富，造福人民。

铁西金谷始建于 2011 年，总占地面积达 2 平方公里，是东北首个生产性服务业战略先导区与智慧服务平台。它以生产性服务全产

业链的智慧服务为核心功能，集创业、商务、金融服务等于一体，打造智慧化、国际化、生态化、定制式生产性服务业总部基地集群，面向沈阳、全国乃至东北亚的装备制造业提供支撑性的配套服务。

如今，"沈阳金谷"是沈阳市重点打造的省级生产性服务业集聚区。打造金谷，是沈阳市发展生产性服务业"三大战役"之一，也是铁西区"一园一城一谷"三大发展战略之一。沈阳金谷科技园先后被评定为"中国产学研合作创新示范基地""沈阳市优秀创业孵化基地"等；发挥着厚积薄发的产业聚集优势，也蕴含着铁西人坚韧不拔的意志品质。沈阳"金娃娃"，未来可期！

（作者系沈阳市铁西区政协委员，沈阳市铁西区政协副主席）

网红棚菜

刘洪君

"四官黄瓜上热搜啦！"得知这一消息后，朝阳凌源市四官营子镇的农户们个个乐开了花。乡亲们都说："我们的家乡就是希望的田野，150 栋暖棚、150 亩冷棚，我们一年四季都能过上丰收节。"

专注，是四官营子镇成为"黄瓜之乡"的秘诀。四官营子镇紧扣"一县一业""一乡一品"，坚持专做黄瓜产业 26 年。为了促进全产业链提质升级，高标准建设 560 亩冷棚园区，建设智能化蔬菜育苗项目和智慧农业管理中心项目，引进中国邮政开展电子结算和线上配送……2020 年，四官营子蔬菜批发市场年交易黄瓜近 1 亿斤，营业额达到 1.8 亿元。黄瓜产业带动从业人数超过 6000，人均年增收 1.5 万元。

四官营子镇黄瓜产业的发展壮大是朝阳市发展设施农业的一个缩影。近年来，全市上下以决战脱贫攻坚为抓手，以促进农民持续稳定增收为目标，依托项目建设支撑，不断改造传统设施农业产业，扭转了朝阳"靠天吃饭、雨养农业"的被动局面，改变了传统的"春种秋收"的种植方式，为有效保障蔬菜、果品等农产品季节性均衡供应，改善城乡居民生活，决胜全面建成小康社会发挥了十分重要的作用。

目前，朝阳市设施农业占地面积 60 万亩，生产面积 19.06 万亩，总产值实现 78.47 亿元，设施蔬菜总产量实现 198.38 万吨，拥有番茄、黄瓜、青椒、茄子、角瓜、韭菜、食用菌、棚果等 20 余个年产 5 万吨以上的蔬菜、棚果生产基地，产业累计拉动二、三产业需求 20 亿元。设施农业也已经由单一的蔬菜生产延伸到花卉、水果、食用菌和养殖等领域，逐步形成了以凌源花卉和黄瓜、北票番茄、喀左双椒、建平角瓜、朝阳县食用菌等为主的多元化发展格局。如今，朝阳申报绿色食品 40 种共 37 万亩，培育了一大批品质好、叫得响、占有率高的知名品牌，逐步走出了一条以市场为导向、以科技为动力、规模化发展、标准化管理、品牌化经营的设施农业发展之路。

(作者系朝阳市政协委员，朝阳市政协文化和文史资料委员会主任)

挖掘"非遗之美"

张金石

辽阳是国家历史文化名城。根植于厚重的文化土壤,辽阳非物质文化遗产在漫长的岁月中应运而生,世代相传。目前,辽阳有 100 项市级以上非物质文化遗产代表性项目:辽阳鼓乐、二人转被列为国家级非物质文化遗产代表性项目;王尔烈传说、辽阳地会、辽阳段式逍遥门武功、广佑寺庙会、古典戏法、千山白酒酿造技艺等被列为省级非物质文化遗产代表性项目;还有辽阳满族民间故事、石派评书、张金石手工剪纸、晓洪高跷、襄平宴制作技艺、满俗风筝制作技艺等市级非物质文化遗产代表性项目 91 项……近些年,通过探索创新非物质文化遗产保护和传承,辽阳市不断提升非遗保护传承水平,持续打造非遗文化品牌,挖掘非遗文化之美。

拓宽传播空间 让非遗融入群众生活

为更好地留存非遗记忆,辽阳市建立了非物质文化遗产保护工作局际联席会议制度,出台了《辽阳市非物质文化遗产项目代表性传承人认定及管理办法》,鼓励和支持社会各界开展非遗保护和传习活动。以"文化和遗产日"为契机,营造非遗保护的良好氛围;开展非遗进社区、进校园、进养老院、进军营等活动，让广大市民近距离接触非遗、了解非遗、体验非遗；在人口聚集景区、商圈举办非遗项目展示展演等活动，拓宽了传播渠道。2021年，辽阳市非遗展示馆、非遗大舞台建成，将作为辽阳非遗文化品牌基础性工程，常年对公众免费开放。

挖掘文化内涵　讲好辽阳非遗故事

非遗传承人辽阳鼓乐传承人张连悌和王洪涛、二人转传承人筱桂荣、古典戏法传承人温宝良、手工剪纸传承人张金石、指画传承人王嘉宁、黄派西河大鼓传承人石连君、石派评书传承人石印红、传统金属工艺传承人程铎、民间故事传承人王吉川入围辽阳市首批命名辽阳文化名人。在《文化名人故事》电视栏目中，通过对几位非遗传承人的宣传介绍，提升了非遗文化名人的影响力。出版的《辽阳风物传说》一书，是经过世世代代辽阳人民口头创作和传承下来的"小百科全书"，更是辽阳市的非物质文化遗产和宝贵的精神

财富。

文旅融合发展　让非遗文化绽放光彩

在文旅融合的背景下，包含传统技艺、传统美食、传统戏曲、民俗文化、地域特色等历史文化内涵的非遗项目在文化旅游中的作用越来越大。以文促旅、以旅彰文，令非遗文化在文旅融合发展中焕发出时代活力。目前，辽阳市以传统工艺、土尔烈传说等文化资源拓展人文旅游市场；以辽阳鼓乐、二人转、剪纸等非物质文化遗产资源，丰富旅游文化内涵。今年5月，辽宁省文化和旅游推介及非遗展演活动在龙泉山庄孔雀谷景区成功举办，辽阳的非遗项目成为一大亮点。

非遗之美，是民族之美，是文化自信之美。发现非遗之美，挖掘非遗之美，才能更好地领略非遗之美：也许是不经意间走进的百年老店，也许是隐藏在市井小巷的民间艺术，也许是在时间里磨洗的匠人精神……非遗之美，等你一起来挖掘！

（作者系辽阳市政协委员，辽阳市张金石手工剪纸有限公司总经理，张金石剪纸非物质文化遗产传承人）

致敬"小巷总理"

吴云锋

社区工作千头万绪，调解、民政、卫健、老龄、残联、惠民、妇女儿童、消防安全、治安巡逻、食品安全……事事都能看到社区工作者忙碌的身影。我经常和社区工作者打交道，对他们充满敬意；邻里街坊更是对他们充满感激，亲切地称他们为"小巷总理"。

"您好，请出示出入证件。""您好，请到这里检测体温。""您好，体温正常、做好登记，才能出入小区。"……这些话语您是否熟悉？街头、巷尾、小区、楼宇、居民家里，设卡站岗、走访宣传、监测排查、登记信息、探望慰问、送东送西……这样的场景您是否熟悉？这样的一群人穿着厚重臃肿的防护服，坚守在风里、雨里，逆行在雪里、夜里，虽然看不清面孔，但是我们都知道，他们就是我们身边的"小巷总理"。

在新冠疫情这场没有硝烟的战斗里，"小巷总理"是后方防疫一线的坚实依靠——他们撇亲舍家，夜以继日，带病坚守，任劳任怨，成为打赢疫情防控阻击战的铜墙铁壁。

2021 年，"争创全国文明城市"的号角响起，小区综合治理势在必行。乱搭乱建、乱贴乱画、乱停乱放、乱堆乱弃以及基础设施老化等问题长期存在，既影响市容环境和城市整体形象，也给居民日常生活带来安全隐患。为了争创全国文明城市，"小巷总理"们纷纷冲锋陷阵于创城第一线：弯下腰一趟趟清理各小区内外烟头、纸屑、宠物粪便等垃圾；用手指一点点抠掉粘贴牢固的小广告；楼上楼下一次次往返清理楼道内的废旧家具……脏了、累了、伤了、病了、痛了、委屈了，最后都"咽"了。"小巷总理"也因此得到越来越多群众的认可和点赞：是他们，让创城成为一种精神，让文明成为一种习惯。

"小巷总理"权力不大，管事不少，是社区大家庭的当家人。平日里，"小巷总理"上接政府职能转移，下为居民提供服务，成为整个社会管理和服务体系中不可或缺的重要环节。当好"小巷总理"，要兼具运动员的体魄、律师的口才、宰相的肚量，还要能"连天线""接地气"。

为了居民群众，他们奋战在基层，无怨无悔，默默奉献；他们植根于群众，无私无畏，能说能干。"小巷总理"时刻把群众利益放在第一位，整日忙碌于街头巷尾，耐心倾听居民困难诉求，主动采集居民意见建议，着力解决群众的急难愁盼，让群众更有获得感、幸福感。向你致敬，"小巷总理"！

（作者系营口市政协委员，营口市志愿者服务联合会会长）

光洋科技的创新之路

简　俊

　　辽宁是国家重要的数控机床研发和生产基地，新中国成立后的第一台普通车床、第一台卧式数控车床、第一台自动车床都诞生在这里。大连光洋科技集团作为高端数控机床领域的民企代表，在这片丰厚的土壤上出生、成长——从被国外技术"卡脖子"，到坚定走自主创新之路，从实现高端数控机床"中国创造"，到拥有亚洲最大的"地下工厂"，近30年"激情燃烧的岁月"包含了辽宁老工业基地的发展智慧，更包含了高端制造业民企的崛起强音。

　　2015年以前，中国高端数控机床市场几乎被几大国外巨头垄断，国内机床企业只能被国外企业"牵着鼻子走""卡着脖子活"。1999年，光洋科技需要两台数控机床，当时国内企业无法生产，只得购买进口产品，不仅价格比成本高出几十倍，还附加"霸王条款"：机床的安装地点、使用人员、用途必须接受国外厂家的严格限制，如果光洋科技擅自挪动机床，或者变更用途生产其他产品，机床将被厂家设置的加密锁自动锁死。也就是说，光洋科技花重金买来的设备，如果移动将立刻变为一堆"废铜烂铁"，而对方却不需要负任何责任。

　　这样"屈辱"的经历，不仅光洋科技有过，国内同行业企业也都有过。光洋科技决定走自主创新之路，花大力气引进人才，建起国内同行业唯一"高档数控机床控制集成技术国家工程实验室"，先后研制出世界上最大规格的、可加工最大叶片的五轴叶片铣，自主研制成功 VGW400-U 高速高精度五轴立式加工中心，打破了我国航天航空等领域叶轮类工件装备长期依赖进口的局面，实现了高档数控机床的"中国创造"。

在高端机床设备生产过程中，细微的变形就可能造成构件和设备不匹配，影响设备的精度。加工设备精密度的不断提高，对厂房的要求也越来越严格，光洋科技投资 29 亿元建设大连智能制造装备产业园。选址、立项、资金……对一个始终致力于智能制造与高端数控产业发展的民营企业来说，困难接踵而至。光洋科技是省政府重点建设项目和省政协重点联系单位，每年省、市政府有关部门至少两次到这儿实地考察调研并召开现场办公会，协调解决若干项目建设中出现的问题。在省政协的推动下，2016 年，该项目被国家发改委列为国家"推进东北地区老工业基地振兴三年滚动实施方案"127 个重点项目之一。

如今，在大连智能制造装备产业园里，光洋科技拥有全亚洲最大的"地下工厂"，总面积达 1 万多平方米，温度常年控制在 20℃左右，且不会受周边马路上重型卡车经过造成颤动的影响，更好地保证了车间的稳定性和设备的精密度，产能也从之前的 200 台突飞猛进到 5000 台。光洋科技集团控股子公司——科德数控股份有限公司自主研发生产的五轴卧式车铣复合加工中心，关键功能部件国产化率达到 90%，今年 10 月参加国家"十三五"科技创新成就展，代表目前此类国产数控机床的最高水平。

辽宁数控机床产业将迎来高端化、智能化、绿色化发展的春天。

（作者系辽宁省政协委员，大连海事大学航海学院副教授）

辣白菜开出团结花

沈青松

丹东市与朝鲜隔江相望，是我国朝鲜族主要聚居地之一，有常住朝鲜族人口近 4 万人。在丹东市区沿江的街道上，随处可见挂有中朝两种文字牌匾的商店，商店里销售着具有朝鲜族特色的服装、食品、首饰、摆件等。许多外地游客慕名来到朝鲜族特色美食街——朝韩一条街，品尝朝鲜冷面、打糕等食品，感受独特的朝鲜族风情。

"一棵棵翠绿鲜亮的包心大白菜被切成 4 份，一片一片撒盐腌制，再除去部分水分，用事先熬制好的辣椒、苹果、梨、蒜蓉酱汁，一层层涂抹在白菜帮叶上，分层码放压实，进行密封发酵……"

在丹东市第三届朝鲜族饮食文化节暨第二届朝鲜族辣白菜节上，朝鲜族主妇们正在用心制作她们的传统美食——辣白菜。除了百人同腌辣白菜，辣白菜节还有民俗文艺表演、民族产品展销、朝鲜族特色文艺展演等活动，吸引国内外游客齐聚丹东，近距离体验朝鲜族文化。农乐舞、长鼓舞、扇子舞、象帽舞等文艺节目，把朝鲜族群众能歌善舞的文化传统展现得淋漓尽致；辣白菜、冷面、打糕等传统美食，让游客领略别具风味的朝鲜族饮食文化；朝鲜象棋、摔跤、女子跳板等传统竞技项目增强了活动参与感和趣味性，在智慧

与体能的比拼中碰撞出文化交流的火花。

　　丹东发掘、保护、传承朝鲜族民俗文化有得天独厚的优势。经过多年的融合，朝鲜族能歌善舞、讲究整洁的优良传统和饮食习俗在这里被发扬，并形成了鲜明的丹东特色。通过举办"朝鲜族民俗游园会""朝鲜族花甲礼""朝鲜族掷柶比赛"等活动，发展多支具有朝鲜族特色的舞蹈队、合唱队、器乐合奏乐团，促进民族文化交流。

　　我作为丹东市朝鲜族联合会会长，是辣白菜节的主要发起人之一。2021年7月1日，有幸作为少数民族代表受邀前往北京参加中国共产党成立100周年庆祝活动。荣誉和经历既是鼓励，也是鞭策。我要把看到、学到、体会到的历史观、民族观、文化观带到基层民族群众中去；把所见所闻所感转化成前行的强大动力，全心全意投入促进民族团结融合发展的伟大事业中，用实际行动浇灌美丽的民族团结之花常开长盛。

　　（作者系丹东市政协委员，丹东恒丰商贸有限公司董事长）

臭水沟彻底消失

鞠保证

"昔日臭水沟，今朝风景线。"这是盘锦市黑臭水体治理成果的真实写照。曾让当地居民头疼不已的兴隆台区螃蟹沟、六零河两条黑臭水体通过治理，不仅河水变得清澈，沿岸还建起了多个生态景观公园，形成一道赏心悦目的风景线，赢得群众交口称赞。

2015 年，盘锦市启动黑臭水体治理工作，并将其纳入水污染防治三年行动计划，在双台子区和兴隆台区对河流水体展开排查，确认兴隆台区螃蟹沟、六零河两条黑臭水体。盘锦市委、市政府成立水污染防治工作领导小组，编制完成黑臭水体整治方案，对河道清障清淤、非法排污口封堵、沿岸生态治理布局、污水处理厂及截污管网建设、河流水质监测等方面进行科学规划和统筹安排，确保工作有序开展。

治理的难度和工作量都很大，但并没有动摇相关部门全力整治的决心：共在河道内征收房屋、企业 183 处，征收稻田、鱼塘 49.5亩，拆除违法建筑 2.6 万平方米、"小菜园" 213.5 亩；取缔不规范垃圾堆放点，清理生活和建筑各类垃圾 2.75 万立方米；共封堵非法污水排放口 32 处，杜绝污水直排；清理河底淤泥 30 万立方米。随后，相关部门实施盘锦市第三污水处理厂及配套管网、11 个沿岸农村氧化塘等建设。三污厂污水处理规模达 5 万立方米/天，出水水质

达规定的一级 A 标准；截污管网 11.6 公里，确保沿岸排污治污双达标。新建 3 个人工湖，其中揽圣湖水面达 5 万平方米，最大容量达 15 万立方米，实现了丰水期蓄水、枯水期排水冲刷河道功能。功夫不负有心人。经过连续 6 个月的水质监测，河道 18 个监测断面水质监测结果全部达标，并于 2018 年 6 月 22 日通过省环保厅和省住建厅组织的专家组验收。同时，螃蟹沟、六零河整治得到当地居民高度认可，曾在盘锦市开展的民意测评中分别获得 100% 和 99% 的满意率。

截至目前，沿岸建设的多个生态景观公园累计绿化面积达 44 万平方米，栽植灌木 15 万株、乔木 1.5 万株、各类花卉 22 万株，铺设草坪 15 万平方米，成为百姓休闲的重要场所。

"河沟整治好了，两岸景色美起来了，群众幸福指数高了，主动保护环境的人也多了。"盘锦市住建局工作人员介绍，黑臭水体整治后制订了长效管理方案，落实河长制，加强入河排水口监管，也得到周围居民的响应。他们主动宣讲环保理念并捡拾垃圾，促进了"共建共治共享"社会治理格局发展。如今，"臭水沟"大变样，变成一幅美丽的生态画卷，成为群众心中的美好家园。

(作者系盘锦市政协委员，盘锦市政协人口资源环境委员会主任)

老铁东的"新幸福"

吴炎平

"三业协同，为鞍山高质量发展不断注入新动能。"近年来，鞍山市铁东区以此为目标，开拓创新，不断进取，为当地百姓的生活带来别样的幸福感。

老商圈旺起来

作为鞍山的中心城区，铁东区立足商业资源和区位优势，科学布局商圈发展，新项目纷纷落地，吃喝玩乐一站式购物模式得到越来越多消费者青睐——人气"旺"起来，企业"活"起来，老城区焕发出勃勃生机。

尤为值得一提的是五一路小商品市场，它置身最繁华的商业中心，地处鞍山市最具商业价值的黄金地段。如今的"老字号"华丽变身，将竞技、运动、休闲、娱乐为主导的商业经营模式有机融合在一起，成立潮玩俱乐部，为都市年轻一族提供集竞技、运动、休闲、购物、社交于一体的高品位消费空间，成为鞍山潮玩娱乐的新地标。

新业态火起来

与传统商业模式相辅相成的是新零售和新业态的快速发展。作为鞍山网红经济的领军企业，坚果文化传媒先后在沈阳地区成立快手网红孵化基地、抖音 MCN 短视频达人机构等 5 家直营分公司，旗下拥有网红主播 8 万余人，累计粉丝量约 4.5 亿人，成功跻身网络直播行业三甲。番茄传媒先后与杭州、广州、厦门、福建、郑州、北京等地厂家直接挂钩，为上下游合作方提供战略支撑。拥有 22 万粉丝、63.1 万用户的"畅游鞍山"公众号是鞍山粉丝量最多、成单量最大的分销广告平台，在全国综合排名第 10 位。

面对迅速发展的网络直播产业，传统商业企业也积极引入电商直播销售新模式——万熹·佳佰奥特莱斯与鞍山鲸醒公司联合打造了 3000 平方米电商直播基地；大商新玛特集团借助天狗自建直播功能；百盛集团使用有赞、抖音等线上云购物平台，开启线上线下双重销售模式；市糖酒公司成立洋贸市场暨进口商品网红超市，同步建立跨境电子商务直播基地……

夜经济亮起来

"夜经济"是铁东区经济快速发展的"助推器"。2021 年，明达欢乐夜市追加投资 150 万元，对夜市进行景观及亮化升级，为市民和游客提供集购物消费、美食品鉴、休闲娱乐于一体的一站式体验。万象汇"钢都夜巷"市集则作为鞍山夜经济的一张新名片，用精彩绝伦的创意集合，为消费者提供更加多元化的夜间消费场景。

在铁东区三业协同发展的推动下，钢城鞍山迸发出无限的激情与活力。

（作者系鞍山市政协委员，鞍山市铁东区政协原主席）

这件实事办到了百姓心坎里

杨晓梅

日前，在国内拥有 4700 家连锁店的罗森便利超市落户锦州，从而进一步提升了锦州商业景气指数和百姓生活幸福指数。你可能要问，具有全球影响力的日本罗森公司，继在我省沈阳、大连和抚顺布局后，缘何会把下一个目标锁定锦州？答案还要从下面我要为大家讲述的锦州"环境建设年"服务营商环境一"网"情深、以"便"应"变"的故事中来寻找。

一网通办　数据"跑腿"
营业执照异地互通互打

2022 年 3 月 16 日，罗森（沈阳）便利有限公司"足不出市、立等可取"领取了锦州的营业执照。这也是我省首张跨市异地领取的营业执照。锦州、沈阳率先实现省内营业执照异地互通互打，今后，两市新设立的市场主体均可异地自助打印营业执照。

疫情之下，为使招商引资企业快速落地，在省市场监督管理部门大力支持下，锦州、沈阳两市打通后台数据壁垒，罗森（沈阳）便利有限公司通过登录"一网通办"平台，实现了"沈阳申请、数据'跑腿'、锦州审核、沈阳自助打照"的异地通办模式，有效破解了异地办照"两地跑""折返跑"难题。"连锁店落户锦州的过程让我们感受到了这里优质的营商环境，对今后的发展也更有信心了。"在开业仪式上，罗森公司东北区总代表兼总经理时田贵史说。

急企业之所需，办企业之所想
把服务送到企业"心坎上"

锦州市太和区一家压力管道安装企业许可证即将到期，而该企业法人由于在外地施工，短期内无法返回办理相关事宜。市市场监督管理局得知情况后，立即派出工作人员，指导企业通过一体化平台填报相关信息，按照公告的操作步骤只提供三份变更延期申请书和一张原许可证复印件，就顺利拿到了新许可证。企业负责人在电话里激动地说："疫情期间，政府能设身处地为企业着想，急企业之所需，办企业之所想，真是为我们解决了大难题。"

不见面 零接触
医疗器械经营许可"云核查"

3 月下旬以来，受疫情影响，锦州市多个县（市）面临多家医疗器械经营企业许可证到期，因监管人员无法实地现场核查而不能及时办理许可证延期的问题。市市场监督管理局秉持疫情之下想方设法助企纾困的服务理念，经与相关企业沟通协商，决定实行远程视频核查。企业在工作人员指导下，通过视频连线展示企业营业场所全景、营业执照、人员健康档案、标志标识等相关核查事项，工作人员对视频录屏，保存电子照片，逐项核查，并当场做出书面核查结论性意见。截至 5 月末，已有 19 家医疗器械经营企业通过远程视频方式完成了许可证延期现场核查工作。不见面、零接触、高效率的线上勘验，最大限度减少了疫情对企业生产经营活动的影响。

在线审 在线评 在线考 在线督
检验检测资质认定开启远程模式

按惯例，机动车检测公司每年需提交检验检测机构资质认定扩项申请，并经评审专家现场评审后方可开展机动车检测服务，2022 年受疫情影响，专家无法到现场评审，机动车检测业务就无法正常开展。这可愁坏了以车辆运营为主业的企业主。"一辆车养活一家人，证要没法审，这日子可怎么过呀？"某小企业主情急之下道出了心里话。

市市场监督管理局针对企业需求，积极探索、大胆实践，最终采取专家组远程视频会议评审的方式让问题迎刃而解。确保远程评审结果质量、评审要求和常态现场评审要求的一致性，是实行审批服务新模式的关键环节。为此，市局依据工作规范和远程评审工作

要求，通过实时摄录，实现在线询核与电子审阅相对应、评审组长线上评审与本地评审员现场评审相斧正、观察员全程在线监督与评审全程留痕可溯相结合，从而进一步优化了行政审批服务，顺利完成了疫情之下检验检测资质认定"线上远程评审"工作。

2022 年以来，全市 118 项"6+1"类事项 100%实现全程网办"零跑动"以及"容缺受理""即来即办""秒批秒办"；全市 9965 户企业在 12 个银行网点自助打印营业执照；试行经营场所登记自主申报承诺，支持住宅商用、集群注册等企业开办经营模式，办理"一照多址"35 户、"一址多照"1333 户、互联网个体工商户 56 户。

服务营商环境"极简审批""联网上云"为锦州市"环境建设年"注入了新动能，有力有效推进了市场监管"一网通办"。"企业稳、商家活、市场优"的环境建设目标正在"最大幅度精简申报材料，最大力度减少审批环节，最大限度减少跑动次数"的改革举措中逐步实现。

(作者系锦州市政协委员，锦州奥鸿装饰工程有限公司总经理)

红色锦州的召唤

蒋立新

锦州，一座英雄的城市。

共和国的第一缕曙光在这里升起，解放全国的序幕在这里拉开，辽沈战役的第一枪在这里打响，无数的浴血英雄在这里奔赴战场。

在锦州，有一条用英雄的名字命名的街道——士英街，英雄梁士英的纪念馆就坐落在这条街上。纪念馆的详尽介绍，浓缩了这位英雄传奇而又壮烈的一生。

梁士英 1922 年出生于吉林扶余的贫苦农民家庭。成年后，他先后入伍、入党，在攻打昌图、解放彰武等战役中屡立战功。

1948 年 10 月 14 日，锦州战役总攻开始。在连续几十次排炮的轰击下，锦州城垣的西北角被炸开了一个个缺口。梁士英最先登城，一人用十几颗手榴弹击退了敌人一个连以上兵力的猛烈反扑。面对始终攻不下来的地堡，梁士英又主动冲到地堡下，把爆破筒塞进了敌人的地堡里，刚要转身撤离，顽固的敌人又把爆破筒从地堡里给推了出来。梁士英猛扑过去，将爆破筒迅速地投进了敌人的地堡，并用双手死死地顶住……地堡爆炸了，我军前进的障碍扫除了，梁士英却将生命定格在了 26 岁。

在解放锦州的战役中，像梁士英这样的英雄、像爆破地堡这样惊心动魄的战斗还有很多很多，在锦州塔山阻击战、锦州黑山阻击战和极为惨烈的锦州城市外围配水池战斗中，还有无数的英勇战士在白山黑水之间长眠。

英雄的鲜血浸染了这里的每一寸土地，红色成为锦州最鲜明的底色。树起"传"的意识，肩负"承"的责任，才能让红色基因不断延续。

近年来，锦州市在对已有红色资源进行保护的基础上，又对红色文化、红色旅游、红色教育等资源进行整合，深挖红色文化内涵，编制《红色资源名录》，制作反映辽沈战役背后故事的大型原创音舞诗《曙光》，形成独具锦州特色的红色资源保护运用体系。其中，"辽沈枪声·解放号角"入选国家"建党百年红色旅游百条精品线路"。

据统计，锦州市共有爱国主义教育基地、国防教育基地、革命文物等红色点位 54 个，其中国家级 8 个、省级 15 个、市级 6 个、县（市、区）级 20 个、未定级 5 个。在民进锦州市委组织的"锦州红

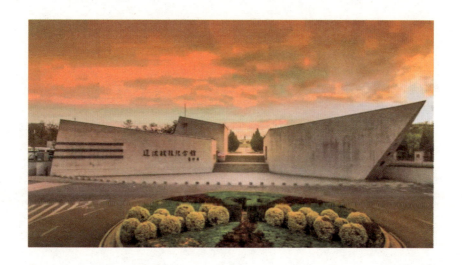

色资源的保护开发利用"专题课题中，我作为课题组的一员，和大家一起沿着展馆和红色遗迹，走遍乡镇、村落，了解第一手资料，掌握第一手数据，用脚步丈量锦州这片红色热土的每一处红色印记。红色精神注入每一个锦州民进成员的血液之中，想事干事的热血也融入每一个人的思想之中。

丰厚的红色资源、鲜活的红色故事和昂扬的红色文化，召唤着、激荡着每一个生活在锦州的人，也感染着每一个来到锦州的人。

红色锦州，等你！

（作者系辽宁省政协委员，锦州市文化旅游和广播电视局局长）

老记者的新角色

王立忠

今年 51 岁、长相平平的我做了一辈子新闻记者，没想到年过半百后，能成为快手直播平台推介家乡优质农产品的网红主播！

按常理，这个新身份和我"不搭调"。但我也有别人不具备的优势——在铁岭日报社从事农业新闻采访 20 多年，十分熟悉农业生产和农产品，对本地优质农产品更是如数家珍。因此，我向报社领导毛遂自荐，当起了"铁岭农家院"的主播。

"铁岭农家院"是铁岭日报社于 2021 年 1 月 9 日创办的公益网络助农直播平台，通过"铁岭发布"快手号和视频号推介宣传铁岭好产品，讲述致富好故事。

　　直播中，我充分运用自己在新闻采访中积累的经验和知识，在田间地头和直播间带网友"云游"铁岭美丽的田园风光，把榛子、小杂粮、乌米、蚕蛹、花生、红薯等优质特色农产品推广出去。

　　"铁岭农家院"自开播以来已直播 50 余场，在农户与消费者之间架起了一座"金桥"。通过推广，目前海峰合作社销售"乡村缘"大米 3.4 万斤、杂粮 700 多盒；柴河西村草莓采摘园直播当天，4 个大棚成熟的草莓全部销售一空；昌图县天物家庭农场滞销的干辣椒销售到了山东省；太阳山村的鸡心海棠果卖到珠三角地区。目前，"铁岭农家院"又探索出"新闻采访+直播带货"的特色模式，全网累计播放量达 200 多万次。

　　"农家好货多，想买看直播。"如今，"铁岭农家院"的这句口号被越来越多的网友们所熟悉。作为"铁岭农家院"的主播，我愿意面向全网宣传推介铁岭好产品，传递乡村好声音，树立铁岭好形象。希望有更多的人能通过我的介绍，更充分地了解铁岭优质特色农产品；希望通过我的努力，为建设美丽幸福的铁岭贡献力量。

　　（作者系铁岭市政协委员，铁岭市铁岭日报驻昌图记者站站长）

从贫穷到小康，他用 18 年完成"撑杆跳"

梁忠福

从不足 2000 元到超过 30000 元，老黑山村的村民人均年收入在 18 年间发生了翻天覆地的变化。建档立卡贫困户李世成充满感慨："是党和政府帮我脱贫奔上了小康路。"

选准产业：磨出来的项目

位于辽吉两省边界的老黑山村地处偏远，人均耕地不足 2 亩。曾经，村里 65% 以上的劳动力都要外出打工谋生。为寻找致富产业，村"两委"班子成员常常自己花

村党支部书记王福全在查看榛子树生长情况

钱外出考察，带回外地种植经济作物的经验。可惜，这些尝试都因

86

"水土不服"，以失败告终。

2003 年，县林业局要在山区开发种植平欧大榛子的项目，并且免费提供苗木和技术服务。这条信息让村"两委"班子眼前一亮：项目是好，但是否适合自己呢？这次他们没有盲目上马，而是请来专家"把脉"。在得出这里的气候、土壤都适合榛子生长的结论后，村党支部书记王福全连续十天早上 6 点多往县里赶，直到晚上才回家，终于"磨"下这个项目。

硕果累累大榛子树

推广项目时，有的村民认为"农民不种粮，纯属瞎胡混"，有的村民认为收益慢不愿尝试……于是，村里决定用典型引路，动员党

桓仁富民果业专业合作社晾晒榛子

员干部带头试种。经专家指导，先在村里选出 121 亩适宜栽种榛苗的连片山地试种。村民不愿意种的，就由党员干部拿出自家的土地交换。很快，这片山地栽上 7 万多株榛苗。到 2007 年，每亩榛果收入达到 7000 多元。看到实实在在的效益后，村民们纷纷在自家的耕地和荒山上栽种大榛子……到 2019 年底，全村累计发展平欧大榛子 4100 亩，产量超 300 万斤，榛果年销售收入逾 3000 万元。

做大规模：带动周边齐致富

全村改种大榛子后，技术管理和市场销售等问题摆在村"两委"班子面前。他们又担当起产业"保姆"角色，成立了"富民果业专业合作社"等 3 家合作社，开展技术指导、市场销售、产品宣传、信息服务等一条龙服务，还投资 100 多万元建起一座占地 3000 平方米的大榛子储存库，利用季节差价推动村民增收逾 100 万元。平欧大榛子让老黑山村民们实现了产业脱贫，全村建档立卡贫困户 91 户 190 人全部脱贫，人均年收入达到 17000 元……老黑山村也因此被评为"省脱贫攻坚先进集体"、全国"一村一品"示范村、国家大榛子农业标准化示范区、全国林下经济示范基地。

成功的种植经验很快打开了技术输出、榛苗输出的通道，老黑山村及周边地区陆续种植大榛子 3 万多亩，年销售量占全国总销量的 70% 以上，规模效益逐渐显现——老黑山村的"桓仁大榛子"荣获"国家地理标志保护产品"称号。

延伸链条：拓展多业态发展

村民富了，村"两委"班子开始注重村容村貌环境治理。上马

举办农民丰收节

"美化""亮化""硬化"工程，编制《老黑山民俗村旅游发展规划》，加强对上百年碾盘、碾辊以及其他满族遗存物件保护，对满族剪纸、刺绣等传统手工艺的传承，建成了满族特色牌楼、文化长廊和观景平台，重建和改造了满族特色民居260户，占到全村总户数的90.6%……老黑山村由昔日的"丑媳妇"变成今日的"俏花娘"。

依托大榛子产业和秀丽风光，村子又在浑江边的荒地种植了500亩油菜花。每年，万余名省内外游客前来赏花，品尝酸汤子、黏火勺、酸菜白肉血肠、涮火锅、牛舌饼等特色美食，体验农家乐、大榛子观光园等乡村休闲观光旅游项目。

昔日贫困村，今朝换新颜。作为中国少数民族特色村寨、全国文明村镇、省乡村旅游重点村，老黑山村越变越美。眼下，村子正围绕大榛子开展招商引资活动，拟通过建设平欧大榛子深加工项目，形成农业种植从育苗到深加工、销售的全产业链，让越变越富的小康路越走越宽。

（作者系本溪市政协委员，本溪市政协农业和农村委员会主任）

"工人雷锋"在这里

陈利儒

辽阳市弓长岭区是雷锋同志工作、生活、入伍的地方，也是雷锋精神孕育和初步形成的地方。然而，在 20 世纪 90 年代之前有关雷锋的史料中，对此均未记载，雷锋与这片土地的关系更是鲜为人知。

从湖南北上鞍钢的雷锋，最初是一名产业工人。1960 年 1 月，他主动报名，从鞍钢来到最艰苦的弓长岭。在这里的四个半月时间，发生了多少令人感动的故事？这片土地又承载了雷锋怎样的炽热深情？

2003 年 1 月，弓长岭区委、区政府决定筹建雷锋纪念馆，将"工人雷锋"的故事讲给更多人听。纪念馆筹建办的同志们从零开始，一点点查找线索，一步步寻访雷锋历史见证人，找到了雷锋的工友、雷锋的义弟、送雷锋参军的老领导以及曾与雷锋朝夕相处的辽阳籍战友，深入了解到一段段关于"工人雷锋"的往事，搜集到一件件与雷锋相关的物件。

2003 年 3 月，一座不足 200 平方米的雷锋纪念馆建成并对外开放。2009 年，雷锋纪念馆迁到新落成的弓长岭文化中心大楼。2012 年，扩建后的纪念馆新馆面积 11580 平方米，馆藏实物 5679 件，首次全面系统地展示了雷锋在弓长岭工作的历程，探寻了雷锋精神形成与发展的基础与内涵。

纪念馆内，雷锋抢救水泥的棉被、雷锋在焦化厂使用的工具箱、焦化厂为雷锋出具的入伍鉴定书、雷锋送给义父一家的生活用品等实物首次向社会公开展示，填补了"工人雷锋"文物研究的空白，将一个完整、立体、鲜活的"工人雷锋"形象呈现在世人面前。

为进一步弘扬雷锋精神，弓长岭区充分把握"工人雷锋"的成长经历和"雷锋入伍地"这一特殊条件，以雷锋精神兴城育人。2013 年，由辽阳市委、市政府与八一电影制片厂合作拍摄的电影《雷锋在 1959》于全国各大城市院线上映。2014 年，辽阳雷锋纪念馆被中宣部定为全国爱国主义教育示范基地。弓长岭区举办首届雷锋论坛，邀请全国雷锋精神研究领域的专家形成雷锋精神研究论文汇编；举办"全国学雷锋先进人物走进弓长岭"活动，掀起学雷锋热潮……

雷锋精神提升了辽阳这座古城的道德温度，英雄的血脉在人们身上传承流淌，这是几代辽阳人民共同奋进谱写的精神史诗。

（作者系辽阳市弓长岭区政协委员，辽阳市弓长岭区旅游文化服务中心副主任）

水源地的环保卫士

徐　锋

　　10 年前，我大学毕业后来到抚顺市东洲区章党镇大伙房水库工作。这是一片养育辽沈人民的优质水源地，是我国"一五"时期建设的重点水利工程，也是我愿意付出青春为之奋斗的地方。

　　为保障省内七市的供水安全，抚顺市和东洲区政府及章党镇辖区内的企业、村屯，都全力支持水源地保护工作：停耕水库周边土地，减少农药化肥使用量，关停对水质产生危害的经营项目，最大程度减少入库污染物，使水库水质逐年提升。

　　作为水库的主管单位，大伙房水库管理局成立了专业的水库巡护保洁队伍，负责水库水面巡查和清漂保洁任务。不论严寒还是酷暑，他们都巡遍水库的每一个角落，全力保障水源地安全洁净。大伙房渔业公司作为水库内净水鱼类的经营单位，每年投入近 300 万元资金向库区投放滤食性鱼类，控制水体内营养盐成分，减少水体富营养化风险，做到以鱼养水、以鱼保水，让水库的水质更加清澈洁净。看着水中嬉戏畅游的鱼儿，望着水库上空飞翔的鸟类，我们感到骄傲和自豪。

　　章党镇政府所辖村屯围绕在水库北岸，部分住户和耕地位于一级保护区范围内，镇政府组织干部逐户登门宣讲水源保护重要性，

动之以情，晓之以理，成功退耕 12000 多亩，生态移民近 200 户。村屯没有统一的生活污水垃圾中转处理机制，区政府为此专门制订专项计划，逐年增设污水处理厂和垃圾填埋场，集中净化污水、处理生活垃圾。章党镇成立了由 30 余人组成的水源管护队伍，巡护库区围栏，监管退耕行为。

大伙房水库为辽沈大地源源不断地提供着"生命之水"，我们有责任、有义务做它的环保卫士，为确保水质安全贡献自己的力量。

（作者系抚顺市东洲区政协委员，辽宁省大伙房渔业有限责任公司副经理）

梳理一座城市的记忆

王艳霞

在大连，有一个由热爱老建筑的市民组成的摄影队：他们用相机记录，用双脚丈量，用史料考证，编撰《记忆·大连老街》《青泥印 2020 年大连老街文化研学记——时间中的大连》等著作；他们为城市梳理岁月的"情书"，让更多的人亲近和了解大连这座城市的文化底蕴。

东关街、凤鸣街、南山……随着城市日新月异的变化，这些承载着大连城市记忆的老街区和老建筑，变得有些黯淡。如何唤醒城市记忆，让老街区老建筑重新焕发光彩？带着对这一问题的思考，大连市城市记忆摄影队的队员们开始了更多的探索。

嵇汝广是这个队伍中的一员。他认为，大连人身上继承着闯关东先行者们横空开拓、敢为人先的进取精神，所以有了中国奥运第一人刘长春；大连人血管里流淌的是身为共和国长子勇于担当、舍我其谁的责任意识，所以能胜利完成我国第一艘国产航母辽宁舰的建造任务。在中国近代史上，大连曾受殖民掠夺，屈辱激起了抗争，胜利赢得了荣耀——历史建筑和街区所传承和表达的，正是一部由辛酸和荣光、血泪和汗水共同构成的看得见、摸得着的大连城市记忆。梳理城市历史，寻找文化之根，正是为了唤醒这份记忆，在今

后的发展中砥砺前行。

从 2004 年至今的 17 年时间里，嵇汝广和摄影队的同人们一直致力于城市记忆的发掘和保护工作，调查、拍摄、考证、出书、讲座、现场活动……就像一群勤奋的蜜蜂，一点点连缀起大连的文化之脉，改变着人们对于老建筑、老街区的态度。

要像对待老人一样尊重和善待城市中的老建筑。如今，大连各文化街区保护政策逐步落实，一大批重点文化街区得以确立，历史建筑保护事业迎来了欣欣向荣的局面。尤为值得一提的是，大连市政协关于加大力度保护大连工业遗产的提案得到采纳和有效落实。大连现存近 800 座老建筑，集中坐落于东关街、南山、凤鸣街等处，经过近年来的保护和开发，南山已建成旅游风情街，成为老大连人追忆过去和年轻情侣游玩、摄影的好去处；东关街和凤鸣街的保护开发也正在进行中。

相信在不久的将来，大连乃至周边的工业遗址和文化遗存都将得到妥善的保护、利用和开发。岁月留给这座城市的记忆将永远镌刻在人们心中。

（作者系大连市政协委员，辽宁壹品律师事务所主任）

盘锦的路

由德宏

要想富，先修路。旧时盘锦的路，唯一一条废弃的铁道路基连接周边城市，矿渣掺土就算是公路了；直到 20 世纪 70 年代修了庄林路后，才略有改观。乡村更是没有像样的路，多人走过才勉强形成一条进城的羊肠小道，下过雨后更是泥泞坑洼。

经过十年的努力，盘锦如今的路早已今非昔比。铁路枢纽定位初步形成。高铁营盘客专、沟海铁路、秦沈铁路、疏港铁路，贯穿南、东南、东北。京沈高铁从城中穿过，京沈高铁的开通和未来城际线路的完善，还将使沈阳、抚顺、铁岭、辽阳、本溪、盘锦、阜

新及沈阳经济区互联互通，不仅可以直达北京，也可以开行八城区高铁环线。2017 年盘锦的铁路、海运正式融入国家"一带一路"规划，盘满欧、盘蒙欧、盘俄欧国际货运列车正式开通，盘锦彻底进入了崭新的高铁时代。公路交织成网。京沈高速、盘海营高速、阜盘高速、丹锡高速、盘锦辽滨疏港高速等，云集全域纵横交错。305 国道、308 省道、211 省道、210 省道、102 省道由城市中心向域外放射性延伸。

市内道路建设硕果累累。环城东路、西路，向海大道，中华路，滨海大道，兴于快速干道，芳草路、兴辽路、霍田路、滨河路等交相辉映，连接城乡。尤其以向海大道、中华路为代表的两条市内一级公路，双向八车道，纵穿四区一县和市中心，直奔大海。

乡村公路建设与城区一体建设成为盘锦市新的亮点：黑色柏油路进村到户，城乡一体化路的建设尤为显著。如今，农村的马路、街道像城市里的大道一样平坦，越来越多的城里人向往到农村去体验生活——皆因路畅通了，出行便利了。

路是国民经济的交通命脉，一条路一条线，交织绘就了一张大的棋盘。路的巨变促进了盘锦经济的大发展——年经济增长速度位于全省前列，率先脱贫致富，进入小康，先后跨入国家文明城市、国家园林城市等行列……

幸福是奋斗出来的，盘锦人用规划和行动绘就了盘锦路之蓝图：那一条条川流不息的交通命脉、一条条笔直宽广的大道，就是通向盘锦人民心中的幸福路。

（作者系盘锦市政协委员，盘锦市政协副秘书长）

请来锦州看化石

薄 学

　　锦州是中国辽西热河生物群的重要化石产地之一，也是首批"国家级重点保护古生物化石集中产地"，被誉为"世界化石资源宝库"。

　　早在 20 世纪 40 年代，锦州地区的古生物化石就受到了国内外古生物学界的高度重视。近年来，这些形成于亿万年前的古生物化

中华神州鸟化石

石大量出露：现已发现的古生物化石包括鸟类、恐龙类、哺乳类、爬行类、两栖类、鱼类、昆虫类、软体类和植物类等 20 多个门类、50 余属、近 100 种。数百万件标本几乎涵盖了所有现存生物门类的祖先。中华神州鸟、义县薄氏龙、细小矢部龙、满洲龟、满洲鳄、翼龙与胚胎、潜龙与胚胎、反鸟类胚胎、室井氏狼鳍鱼及木化石等一大批重要化石标本的发现，对研究地质发展史、古生物、古气候演化等具有极高的科研价值。

锦州化石大多保存完好，具有独特的艺术特征和极高的美学观赏价值。目前已发现的化石资源主要分布于义县中西部地区的大定堡、头道河、头台、刘龙台、前杨、七里河、城关 7 个乡镇、22 个自然村屯。据不完全统计，已发现的辽西动植物化石有五十余属、百余种、几十万件标本。其中，动物化石主要有鱼类（狼鳍鱼、鲟鱼等），爬行类（大型禽龙类恐龙、蜥脚类恐龙、鹦鹉嘴龙、矢部龙、潜龙、龟等），鸟类（中华神州鸟、孔子鸟、华夏鸟等），节肢、软体类（各种昆虫、虾、叶肢介、拟蜉蝣、介形虫、腹足、双壳等）；植物化石主要有苔藓类、有节类、石松类、真蕨类、苏铁类、银杏类、松柏类、被子植物等。

义县地区中生代地层出露广、发育全，动植物化石十分丰富，中华神州鸟化石的发现与研究使原始鸟类研究的历史翻开了新的一页，生命发展史中四大难题之一——鸟类的起源问题在中国得到了解决，被誉为 20 世纪后期古生物学界最重大的发现。在义县境内发现的"辽宁古果"被誉为"迄今世界最古老的花"；发现的大型禽龙类恐龙化石——杨氏锦州龙，对于研究禽龙类的演化和鸭嘴龙类的起源具有重要意义。世界首件翼龙胚胎化石惊现辽西，产于义县金刚山化石产地，这一发现解开了翼龙是胎生还是卵生的科学之谜。还有相当一部分动植物化石研究成果在国内外产生了重大影响。

全世界最具影响力的《科学》《国家地理》《自然》等权威杂志频繁发表与锦州古生物化石相关的科学文章，把我国古生物化石的科学研究工作推到了世界前沿。在世界地质古生物学界，越来越多的人认识了锦州！

（作者系锦州市政协委员，锦州市自然资源局矿产资源勘查保护科科长）

红村激起千层浪

刘井刚

红村激浪是什么？是自从我来到北票南八家乡政府工作起，就为之感动、为之震撼、深受激励的精神。这个故事要从红村党支部书记王文志同志带领红村民众三战大凌河、拦河筑坝、裂石围田说起。

王文志是乡里第一位水利专业毕业的大学生。到红村当村支书时，他刚刚 21 岁。当时的大凌河水比现在浪高、水急、河宽，河岸

边的村庄经常被冲。红村就是一个饱受凌水之害的村庄。王文志在村"两委"会上提出修建拦河大坝、抢占河滩地的建议时，大家都不敢相信："这么大一个工程我们能完成吗?"在王文志几番严密论证后，曾经迟疑的大家终于达成了一致意见。

第一战开始于1958年。经过一个冬春的苦战，大家硬是把两股大凌河水截成了一股，争出来800亩河滩地。那一年，乡亲们栽上了水稻，秋收时家家都分了好几百斤稻米。多少辈没有种过水稻的红村社员，捧着白花花的大米，心情别提有多激动了。四年之后，红村遭遇了一场特大洪水，一夜之间大坝全部被冲毁，800亩稻秧成了一片乱麻。王文志召开紧急会议，全村700多口人共有劳动力208人，家家都给分任务——每天要完成3方石头、2方沙子。到了晚上全家出动，小到会走路的孩子，大到拄拐的老人，小的在前边拽，老的在后边推。晚上备好充足的沙石料，第二天不耽误青壮劳动力垒大坝。经过三个冬春起早贪黑、分秒必争的奋战，大坝像一条巨蟒卧在茫茫的沙滩上，800亩稻田又一次造出来了。

1969年的收割季，突降的暴雨下了两天两夜。大凌河水猛涨，可怕的洪水嗡嗡作响，排山倒海一般冲向大坝。大坝决口了，大队书记王文志第一个跳入水中，用身体堵住决口，董万发跳下去，王少春、刘正香、胡乃顺、王桂荣、王静等跳下去……他们手挽手在大坝前挡成了一道坚不可摧的人墙。在洪水里泡了六七个小时之后，大雨终于停了，大坝保住了，稻田的损失降到了最小的程度。从1958年第一次修建大坝到1953年第三次修建，前后共13年，王文志带领红村民众打下了这场攻坚克难、战天斗地的大胜仗，也展现了红村党员敢于争先、善于攻坚、任劳任怨、甘于奉献的激浪精神。

这种精神深深刻在了红村人的骨子里，贯穿到振兴发展的脉搏

中。如今的红村，因良好的生态环境吸引天鹅在这里越冬栖息。红村从此有了天鹅湾，成为东北地区乃至京、津、冀、蒙七省市区独有的天鹅越冬景观。

回顾红村激浪的故事，感受红村日新月异的变化，正所谓红村激起千层浪，一浪更比一浪高：穷思变，愚公移山；看今朝，天鹅依恋！作为南乡人，我深感骄傲！

（作者系朝阳市北票市政协委员，朝阳市北票市南八家乡人民政府办公室主任）

一条铁路连通欧亚

崔文伟

经过多方努力，筹划多年的阜盘铁路货运专线规划建设蓝图终于来了，路径清晰可见：北起巴新线新邱站，经阜新、锦州、盘锦3市，向南与沈金铁路盘山站接轨，终抵盘锦港荣兴港区，全长99.5公里，估算投资50亿元。

作为这个项目推进领导小组的副组长，我深知这条铁路建设的重大意义。阜盘铁路建成后，从新邱站向西接轨集二线，穿越浩瀚的内蒙古大草原，经二连浩特口岸，纵贯蒙古国全境，在俄罗斯西伯利亚地区并入远东铁路，一路向西直达欧洲。届时，这条东北陆海新干线将成为中蒙俄东线铁路走廊以及辽宁省、蒙古国、欧洲铁路新通道的重要组成部分，实现辽宁蒙俄、欧洲陆港的战略性衔接。盘锦港将成为俄罗斯远东地区、蒙古国货物南下运距最短、成本最低、效率最高的运输线和最便捷的出海口，煤炭、矿石等货物可依托盘锦港输出输入，同时满足省内10个城市及东北三省经济发展的能源需求。

这条铁路是连通欧亚大陆的一条经济大动脉，更是盘锦融入"一带一路"的一条新路径。盘锦凭借这条铁路，向东融入沈阳现代化都市圈，向南连接辽宁沿海经济带，向西辐射辽西融入京津冀协

同发展战略先导区，向北助力中蒙俄经济走廊贸易合作、国际性区域合作。阜盘铁路的建设，契合了构建"双循环"发展格局、扩大对外开放、增进对内合作的时代召唤。由于陆港的衔接，加强与蒙古国、俄罗斯能源贸易合作将更为现实。对于满足辽宁经济发展对能源的需求，促进辽宁中部内陆城市与沿海城市的联系，推动辽宁中部城市群贸易合作、区域协同、连通欧洲，进而实现深度开放具有重要意义。

为了抓住这个扩大对外开放的新机遇，盘锦已经做好了准备！盘锦港现为国家一类开放口岸，陆续开通了16条集装箱直航航线和23条外贸线路；在东北三省、内蒙古建成了7个内陆干港。荣兴港区规划利用岸线11.7公里，形成陆域面积44.7平方公里，码头岸线35.6公里，规划布置泊位90个，通过能力达2.56亿吨；已建成28个5万吨级以上泊位，2021年港口吞吐量接近6000万吨，预计"十四五"规划期末将超过1亿吨，跨入全国30多个亿吨大港行列。

目前，盘锦正与阜新、锦州密切协同，积极准备阜盘铁路项目建设工作，计划 2022 年完成项目前期工作，争取年底前开工建设，在"十四五"规划期末建成通车。与此同时，阜盘客运铁路项目正在规划建设。有梦想就有奋斗的动力。盘锦人民以持之以恒的实际行动建设东北开放新前沿，书写辽宁振兴发展新篇章！

（作者系辽宁省政协委员，盘锦市政协党组书记、主席）

盐碱地的"拓荒牛"

张赫伟

"谁说盐碱地种不出蔬菜？我偏要试一试。"从盘锦市大洼区新兴镇党委书记的岗位上退休后，刘广会选择再次出发——创办盘锦鑫叶农业科技有限公司，同盐碱地设施蔬菜种植"死磕"到底。经过近20年的努力，公司成为辽宁省高新技术企业、辽宁省知名蔬菜种苗生产企业和全国农民专业合作示范社，带着众多农民走上蔬菜种植的致富路。

受地域土壤限制，盘锦蔬菜种植业发展缓慢，经济效益较低。曾在基层工作的刘广会一直思考，能否在盐碱地上闯出发展蔬菜产业的新路。他四处学习考察，潜心钻研，认真试验，经历了无数次试种又无数次失败的考验，终于探索出盐碱地上种植蔬菜穴盘基质无土育苗，高垄栽培水肥一体化病虫害防控技术。经过十几年的示范推广，这项技术发明已辐射至盘锦全市及周边市县，带动了1万多农户运用此项技术进行蔬菜种植。菜农年创收2亿多元，实现社会效益10亿多元。

创业成功了，但创新的脚步不能停。刘广会与沈阳农业大学、辽宁省农业技术推广总站联合攻关，立项目、跑课题，先后主持15项科研项目进行试验示范推广。他主持完成的盘锦碱地番茄种苗标

准化生产技术集成与示范推广等项目获市政府科技进步二等奖，其中 1 项获得农业农村部丰收计划奖三等奖。

刘广会常说："发展蔬菜产业，就要育精品种苗，富千家万户。"他和团队将产业为民、助力乡村振兴作为一种责任，打造了"公司+合作社+农户+基地+服务"的经营模式，为农民建大棚、搞设计、推广蔬菜新技术，举办技术培训班，累计受训者达 1 万多人次，发放科技小册子 3 万多份。只要农民打个电话或捎个信儿，团队的技术人员就会立刻到农户家中、生产现场，送肥送药、指导生产、解决难题。农民们都说："刘广会就像是一头老黄牛，带领着农民在盐碱地上拓荒致富，是农民心中最美的人。"

（作者系盘锦市政协委员，盘锦市政协经济委员会副主任）

土生土长的台北人，缘何爱上辽河老街？

谢忠科

在大辽河入海口处，有一条具有 280 余年历史的老街——辽河老街。在沿街分布的百余家商铺中，有这么一位台胞，他像历史上其他商旅一样，来到老街，创业、守业、兴业，融入老街。他就是来自台北的商人——营口双兴福食品加工有限公司董事长魏立纮。

魏立纮是土生土长的台北人，对他而言，台北是生养自己的家乡，老街却是追梦圆梦的地方。作为台北人，谈及缘何爱上辽河老街时，他给出了 N 个理由。

因一首歌曲心潮澎湃。小时候，《龙的传人》相伴成长，面对波涛汹涌的台湾海峡，他一次次眺望远方……因一帧图片念念不忘。中学时，无意间看到"营口坠龙事件"的报道。作为龙的传人，他对渤海湾畔、辽河之滨那片陌生且充满磁性的土地充满好奇，心驰神往。因一次邂逅觅得真爱。新世纪之初，刚来大陆的他，第一次邂逅便爱上了营口。他欣赏这里河海文化的包容。百年港城的端庄，现代都市的阳光，正是他朝思暮想的渴望。一位美丽大方、温柔善良的姑娘走进他的内心。他们手牵手听海鸟歌唱，肩并肩观红日入海，面对面探索人生，心贴心表诉衷肠……心心相印，携手步入婚姻殿堂。因一条老街收获幸福。2010 年，他和妻子返回营口，在刚

刚修缮一新对外招商的辽河老街开了一家冰淇淋店。面对经营惨淡，他们咬牙坚持。他们坚信，只要老街好，自己的生意就会好！如今，短暂困难已过去，这条承载着营口厚重历史、留存31处拥有百年历史建筑的辽河老街，迎来蓬勃发展的生机。他们精心经营的甜美小店成为游人网红"打卡地"，年营业额暴增500余倍。因一方热土扎根营口。营口，办事方便，服务周到，亲商安商，法治良好，连续多年获评中国东北营商环境最优市。由于挚爱这片热土，魏立纮连续兴办3家企业。近年来，在他和其他台商的推介下，陆续有20余家台商企业落户营口。因一群好人恒久感动。2016年，魏立纮被推选为营口台商投资企业协会会长，并结识了一群可亲可敬的政协人。他们有多年力谏保护开发辽河老街的王文戈，如数家珍讲述营口故事的韩晓东，等等。魏立纮常说，老街有文化味，营口人有人情味……每次回台北时，魏立纮都会向亲友同学娓娓讲述营口之变、营口之美、营口之好。末了，总会发自肺腑地补一句："来营口吧，你一定会喜欢上这座魅力滨城！"在辽河老街，在滨城营口，还有许许多多的"魏立纮"。他们热爱营口的山山水水，钟情营口的风物文化，点赞营口的营商环境，他们对在营发展充满希望和憧憬。因为他们相信，营口的明天会更美好。

（作者系营口市政协委员，营口市台联副会长）

辽宁石化工业百年回眸

钱建华

辽宁是我国重要的石化产业基地和炼油工业的摇篮，见证了中国石化产业从无到有、从小到大、从弱到强的百年历史跨越。

在内忧外困中蹒跚起步

辽宁石化工业在半殖民地经济条件下屈辱起步：1911 年，日本开始对抚顺的油母页岩进行石油炼制实验。九一八事变后，日本在抚顺、锦州、大连等地，通过设立炼厂、矿场等形式从辽宁掠夺了大量的油母页岩、精煤等资源。解放战争后期，辽宁的石油工厂又遭到严重破坏，造成不可估量的损失。

在艰难困苦中砥砺前行

新中国成立后，辽宁石化工业积极响应党和国家能源报国的号召，建成了以抚顺石油一厂、二厂、三厂、四厂和锦西炼油厂（石油五厂）、锦州炼油厂（石油六厂）、大连石油七厂为主的石油生产和加工基地；打造了以大连化工厂、沈阳化工厂和锦西化工厂为主的化工原料生产基地，创造了中国石化工业史上的多个"第一"，为中国石化工业体系的形成做出了突出贡献：1950年，燃料工业部石油管理总局在大连成立新中国第一所石油工业学校——大连石油工业学校（辽宁石油化工大学前身），为新中国石油工业培养了近13万名人才；1951年，锦州石化炼制出新中国第一滴合成石油；1966年，石油六厂生产出新中国第一块合成顺丁橡胶，打破了西方国家对我国的技术封锁；20世纪60年代，抚顺石油一厂、二厂、三厂作为中国炼油工业技术"五朵金花"中的三朵，先后建设了新中国第一套硫化催化裂化装置、第一套国产延迟焦化装置、第一套芳烃抽提工业试验装置，通过积极参与"炼油工业大会战"，实现了我国汽

油、煤油、柴油、润滑油四大类油品自给率达 100%，结束了中国人使用"洋油"的历史。

在改革奋进中阔步向前

改革开放后，辽宁石化工业走上了自我积累、自我发展、自我壮大的轨道。1979 年，辽阳石化成功产出第一批国产"的确良"化纤原料，摆脱了国人穿衣难的问题。1982 年，经国务院批准，抚顺石油一厂、二厂、三厂，和抚顺市化学纤维厂、市化工二厂组建抚顺石化公司，建成为世界最大的石蜡生产和出口基地。1986 年，辽河油田原油量突破 1000 万吨，成为全国第三大油田；1989 年，成为全国最大的高凝油生产基地。1987 年，全国第一家乙烯化工厂在盘锦建立，它和随后建立的抚顺乙烯厂共向全国各地输送人才 2 万多名——目前全国几乎所有的乙烯厂都有辽宁人的身影。中国第一颗人造卫星升入太空、第一次南极科考船驶向蔚蓝的海洋、第一块石蜡走出国门销往欧洲的背后，都有着辽宁石化工业输送的"能源动力"……

在时代洪流中奋楫而进

近年来，辽宁石化工业以打造世界级石化产业和精细化工基地为目标，在做大做优做强中服务国家能源发展战略。集聚大连、营口、盘锦、抚顺、辽阳、锦州、葫芦岛石化资源，打造"一带、两翼、五基地"发展模式，石油工业规模实现跨越式发展；加强大连长兴岛国家石化产业基地建设，联合盘锦辽东湾石化产业园区，主动融入环渤海经济带发展规划，增强全产业链核心竞争力；全力加强中石油七大炼厂、华锦集团、恒力石化、大连西太等大型骨干企业建设，支持产业链上游规模炼厂炼化一体化发展，在 PX、PTA 等高端产品上做"精细"文章；引进宝来化工、沙特阿美等世界 500 强石化企业落户辽宁，提升国际合作水平和层次……2020 年，辽宁石化行业主营业务收入占全省工业比重的 28.6%，实现工业增加值增量 268 亿元，约占全省工业增量的 44.9%，成为拉动辽宁省工业经济增长的最主要产业。

历史车轮，滚滚向前。辽宁石化工业将加快实现石化产业"原料多元化、产品高端化、产业集群化、绿色低碳化"，坚实从容、昂首阔步迈向未来。

(作者系辽宁省政协委员，辽宁石油化工大学校长)

从王家庄到"新世界"

陈耀豪

一座城市，一盏灯，一个故事……每当华灯初上，每栋高楼，每个窗口里都会演绎着再寻常不过的烟火故事。

一座城市的发展似乎也与楼里的灯光有着密不可分的关系，城市越发展，灯越多越亮。过去人烟稀少，如今车水马龙，用这句话来形容过去的王家庄、如今的五里河，真的再贴切不过了。

20世纪90年代末，沈阳还是一个很典型的北方工业城市。漫长的冬天、灰暗的街路、低矮陈旧的建筑，镜头再切换到浑河岸边的

王家庄，以上的形容恐怕要再加上一个"更"字。那里是当时沈阳最大的一片棚户区，是人人一提起来就要皱眉头的地方。风天到处灰，雨天一身泥，还夹杂彼时未经治理的浑河散发出的难闻气味，谁又会想到这里将会是一片"新世界"？

然而，"新世界"来了！

作为最早到沈阳投资的港商之一，新世界集团从1993年起，通过新世界百货和新世界酒店为沈阳人民开启了高端百货时代，引领了时尚潮流。随着沈阳经济的发展，新世界集团继续加大在沈阳的投资力度，将投资的目光精准地投向沈阳的房地产市场，投向了浑河北岸这一大片土地。那个时期的沈阳，商品房的概念还处在一个萌芽阶段，新世界集团的到来，率先推动了沈阳房地产的大规模开发，将商品房的概念植入人心。

1998年4月，新世界（沈阳）房地产开发有限公司注册成立；1998年7月，王家庄正式拆迁；1999年8月，新世界花园一期"朗怡居""朗悦居"两个组团同时开工；次年，"朗怡居""朗悦居"隆重面世。2000年底，昔日的王家庄迎来了第一批业主！带着对新世界的向往、对新生活的渴望，他们看到了原来的棚户区被一排排整齐的港式花园小区所代替，经过治理的母亲河潺潺东流，滋养着

岸边绿草茵茵、鸟语花香，这哪里还有半点过去的模样？接着，新世界集团又在沈阳的市场上首推出"精装房"概念，再次引领沈城房地产市场发展的航向。追随着新世界在沈阳的步伐，一大批香港的品牌房地产开发企业蜂拥而入，由此加速了沈阳城市发展和变化。

历史的车轮滚滚驶过，新的千年、新的世纪扑面而来，带着这座城市全新的发展规划与目标，更带来了新的发展契机与机遇，沈阳的商业地产在进入新世纪后大踏步向前迈进。乘着城市发展的东风，"金廊工程""一河两岸"成为沈阳城市发展战略中的核心理念。新世界集团一路高歌猛进，除了在浑河岸边继续创新建筑风格，打造全新的人居体验。2006 年，随着新世界综合体项目动工，新世界在沈阳的故事翻开了新的篇章。新世界博览馆、沈阳 K11 艺术购物广场、沈阳芊丽酒店在 10 年间相继落成并营业，一个个地标建筑贴着"新世界"的标签在沈阳诞生，推动着沈阳在向着国际化大都市发展的快车道上不断飞奔。

如今，站在三好桥上向北望去，碧蓝的天空下，是一条美丽的天际线，一幢幢住宅楼高低错落，掩映在绿树成荫的浑河岸边；阳光下浑河水波光潋滟，或有游船驶过，或有飞鸟游弋；不远处的沈阳 K11 艺术购物中心如大鹏展翅，迎风翱翔；夕阳西下，落霞满天，余晖绵长……待到暮色降临，这里灯光闪烁，如明珠般熠熠生辉，点缀在浑河北岸，点缀着沈阳这座古老而又年轻的城市。

"新世界"与沈阳的故事还在继续，每一盏灯光，都在向你娓娓道来……

(作者系沈阳市政协委员，新世界中国地产有限公司沈阳地区总监)

生态环境好不好，"水底精灵"都知道

王中卫

天蓝海碧，水秀山清，优美生态环境成为大连的一张亮丽名片。

保护与建设美丽河湖是贯彻落实习近平生态文明思想、推进生态文明建设的重要实践。2020 年，生态环境部发布的《生态环境监测规划纲要（2020—2035 年）》提出了未来一段时期内的主要任

王中卫进行水域监测采样

务，强调要拓展流域水生态监测。其中最重要的一部分工作就是水体底栖动物调查。

底栖动物一般是指个体大于 500 微米、生活史的全部或大部分时间在水体底部或沉积物中的无脊椎动物，最常见的有水栖寡毛纲动物、软体动物、水生昆虫等。底栖动物作为水生态系统的重要组成部分，其分布和数量直接反映水环境质量，常常作为环境监测的指示物种，并被称作"水底精灵"，是水生态系统健康评价的重要指标。

以大连市某河流断面监测数据为例，从 2016 年开始有底栖动物监测数据以来，该断面底栖动物从 2016 年的 7 种（属）增加到 2019 年的 17 种（属），生物多样性呈现逐年升高的趋势。2016 年至 2018 年，底栖动物组成以较耐污的种类为主；到 2019 年，底栖动物群落组成发生了明显变化，监测到了一些敏感的清洁水指示物种，如格氏星齿蛉、红蚊蜉、石蝇等。此调查结果，与《2020 年大连市生态环境状况公报》显示的"水环境质量持续向好"水质评价结果一致，从另一个角度证明了大连市生态环境逐渐向好的趋势。此外，根据最新调查数据，2021 年该断面的底栖生物种类数已经达到 33 种（属），生物多样性优势明显，清洁水指示物种偏多。

这些"水底精灵"逐年的演替变化，反映了水生态环境状况整体持续向好的态势，成为不折不扣的水生态环境"代言人"。生态环境质量越来越优，"美丽指数"越来越高，城市吸引力不断增强。

从 3 年环境科学专业博士研究生学习，到 2 年环境科学专业博士后科研锤炼，再到 11 年一线生态环境监测，我的人生履历始终没有离开过生态环境领域。作为大连市沙河口区政协委员，我上报了多份与环保相关的提案和建议。2017 年底，在沙河口区政协九届一次会议上，我做了《关于实施增绿计划的建议》大会发言，从全力推进绿色发展、见缝插绿拓展绿色空间和倡导绿色环保生活方式等方面，提出了具体的实施建议和分析对策。此外，我还向市政协提交了《关于推动我市环保产业升级，构建"环境医院"的提案》《关于防范微塑料污染，加强环境保护的提案》《关于展开对我市外来入侵物种研究的提案》《关于加强本市中小学生及学前教育工作的提案》《关于提升公众参与水平，加大环境保护力度建议的提案》《关于禁止中小学生包塑料书皮的提案》《关于进一步完善我国标准制修订体系的提案》等15项提案，均被列为市级立案。在已立案的提案中，《关于防范微塑料污染，加强环境保护的提案》和《关于进一步完善我国标准制修订体系的提案》均被民盟中央采纳，并分别成为全国政协十三届一次会议和二次会议提案。

作为一名民盟盟员，在做好自己本职工作的同时，我积极履行参政议政职责，撰写有关生态环境方面的社情民意信息10余条，多条被民盟中央、辽宁省政协和民盟辽宁省委采用，并转送至有关部

王中卫带领全家参与环保公益活动

门，成为政府决策参考依据。

潜心科研，不问西东；忠诚履职，为国效力。我将继续发挥政协委员和民主党派成员优势，积极投身于生态文明建设中，献良策、建净言，贡献智慧和力量，做生态文明的宣传者、践行者、推动者和监督者。

（作者系大连市沙河口区政协委员，大连生态环境监测中心高级工程师）

126

辽宁是国歌素材地

李兴泰

人们都知道，中华人民共和国国歌是《义勇军进行曲》，可是有多少人知道，国歌与辽宁抗日义勇军有很深的渊源呢？

为了弄清国歌与辽宁抗日义勇军的关系，从1997年开始，辽宁省政协文史委率先启动这一课题。八届辽宁省政协期间，全省各级政协组织协作，联合专家学者及有关方面力量，对分布在全省几十个市、县（区）的抗日义勇军遗址遗迹进行全面视察，行程数千公里。2005年，为纪念抗战胜利60周年，省政协与5个市政协联合，开展了"辽宁境内日本侵华及抗战遗址遗迹警示行"视察。2015年至2016年，省政协开展了"《义勇军进行曲》故里行"视察。与此同时，各市、县（区）政协和社会有识之士，通过视察、调研、采访等形式，围绕这一课题进行深入研究。

20年来，随着参与课题人数增多，搜索范围扩大，研讨考证深入，纪念宣传跟进，注重服务现实，形成了一系列研究成果。

厘清史实，为义勇军正名

从1931年九一八事变后，辽宁人民自发组成义勇军，与日本侵

127

略者英勇斗争。义勇军中有共产党员、工人和农民，还有学生、知识分子、军人、警察、士绅和绿林人物。虽然其成分复杂，地域有别，举义时间有先后，规模大小不等，但都是高举抗日旗帜，均统称之为义勇军。初举义时义勇军队伍称谓不一，流亡的东北爱国人士在北平成立"东北民众抗日救国会"后，通令改称"东北民众自卫义勇军"，共委任56路，另有支队27路、骑兵6路。唐聚五誓师抗日后，所统领义勇军另编19路。义勇军在九一八事变后的二三年里最活跃，仅辽宁省的义勇军就达20万之众，最长的坚持到日本投降，不少人转入了共产党领导的东北抗日联军。义勇军所展现的抵御日寇、浴血奋战的大无畏精神，应该得到充分肯定。

收集史料，出版抗战图书

在掌握大量义勇军第一手资料后，有关市、县（区）政协陆续整理出版了一批反映当地义勇军抗日斗争的图书。省政协相继综合编辑出版了6部抗日斗争图书。《"九一八"事变·抗日烽火》是省政协历年出版的抗日斗争史料的合辑；《血肉长城——义勇军抗日斗争实录》（上下卷）收录了《义勇军进行曲》产生之前东北及国内有关地区的抗日斗争史料；赵杰所写的《国歌的故事》是关于义勇军和国歌的通俗读物；《兴京旧事》反映了新宾地区义勇军的抗日斗争；《让民族之魂永存——抗日义勇军斗争遗址遗迹视察纪实》记录了八届辽宁省政协视察调研义勇军史迹过程；图文并茂的《山河作证》记载了甲午战争后辽宁涉及日本的遗存。从中可以看到，义勇军英烈数不胜数，黄显声、高鹏振、王显廷、李兆麟、张海天、耿继周、马子丹、郑桂林、李海峰、刘存启、唐聚五、李春润、孙铭武、邓铁梅、苗可秀、黄拱宸、白子峰、蓝天林、尚吉元、王凤阁等等，他们用血肉之躯，谱写了不屈不挠、反抗侵略、勇于牺牲的义勇军精神。

关注现实，提出意见建议

为了更好地传承义勇军精神，多年来，辽宁省、市、县三级政协组织和政协委员，通过提案等方式，提出了许多意见建议，并得到采纳落实。沈阳市在"九一八"历史博物馆建立国歌墙，葫芦岛市连山区重建锦西人民歼灭古贺联队纪念碑，桓仁县设立辽宁民众自卫军誓师大会标牌，锦州市建立辽西抗日义勇军纪念展厅和纪念碑，东港市对龙王庙抗日义勇军遗址保护、修缮、开发、利用，等等。辽宁省政协文史委《关于辽宁境内日本侵华及抗日遗址遗迹保护利用情况的视察报告》《关于加强我省抗战遗址遗迹保护利用的建议》，得到了省领导批示肯定。在原有工作基础上，各地通过对义勇军等抗战遗址遗迹立标志、树碑碣、办展览等形式，推动了遗存的保护和利用，扩大了义勇军事迹的传播范围。

纪念研讨，弘扬抗战精神

随着占有史料的不断丰富，对义勇军的研究也越来越深入。省、市、县（区）政协文史工作部门联合社会力量，抓住九一八事变纪念日、抗战胜利纪念日等历史节点，不失时机地举办各种纪念、座谈、研讨、展览活动，梳理了辽宁抗战历史，增进了社会各界对义勇军的认知，催化了"十四年抗战"观点的成熟，推动了辽宁抗战地位的确立。"勿忘九一八"系列活动受关注：九一八事变 70 周年纪念大会隆重严肃，九一八事变历史档案珍藏展、日军侵华暴行实证展证据确凿；"勿忘九一八"图书首发式暨辽宁省十年专题图书成果展成效颇丰，"勿忘九一八"国际学术研究论坛中外专家云集。"缅怀抗日义勇军伟业，弘扬中华民族精神"协商座谈会建议受重视，省有关部门积极采纳。"以史为鉴·面向未来"主题座谈会，助推史学界合力研究近代中日战争史。"山河作证·勿忘国耻·牢记历史·振兴中华"——纪念九一八事变80周年座谈会暨《山河作证》首发式，警示教育作用受到高度评价。"勿忘九一八·弘扬抗战精神"座谈会，就辽宁抗日义勇军史和东北抗联史研究形成重要共识。

上述围绕义勇军史及抗战史所做的工作，我全程参与并掌握情况。我从1996年调入省政协机关，一直在文史委工作，至今已27年，不论是任主任科员、副处级秘书、办公室主任，还是任文史委副主任、一级巡视员，涉及义勇军史及抗战史的许多会议、活动都

身在其中，许多文稿都起草、修改过，许多书稿都经手编辑、校对过。对《义勇军进行曲》即国歌与辽宁抗日义勇军的关系，做过整理和思考，有一些成形的想法。

2015 年，为贯彻落实习近平总书记关于加强抗战研究、遗迹保护、成果展示的指示精神，省政协文史委与省政府参事室联合召开了"辽宁抗日义勇军与《义勇军进行曲》"研讨会。与会的政协委员、参事、义勇军研究专家分别从不同侧面，论证了《义勇军进行曲》词曲产生背景，各地义勇军军歌、战斗口号、誓词与歌词的关联，义勇军抗战事迹对词曲作者田汉、聂耳的影响。《义勇军进行曲》与辽宁抗日义勇军有很深的渊源。

《义勇军进行曲》词作者田汉、曲作者聂耳，肯定接触过义勇军将士，也直接或间接受义勇军事迹报道的影响。况且，电影《风云儿女》就是反映长城抗战的，当时就有许多辽宁抗日义勇军转战长城参加战斗。作为电影的主题曲《义勇军进行曲》的"义勇军"多数来自辽宁乃至东北。

词曲是作者头脑的产物，但不是凭空产生的，尤其是反映当时现实的题材。辽宁各地义勇军的军歌、誓词、战斗口号、告示、通电等，大多铿锵有力，富有韵律。其中，战斗于抚顺市清原县和新宾县、本溪市桓仁县、锦州市黑山县、朝阳市建平县的义勇军队伍，所流传下来的军歌等，与《义勇军进行曲》歌词均有许多相近之处，沈阳、铁岭、盘锦、葫芦岛等地也流传着一些类似的义勇军军歌、民谣等，被田汉、聂耳所吸收，是确定无疑的。

我认为，应该不局限于单独某一个地域是《义勇军进行曲》发源地、原创地、奠基地之说，从辽宁整体可以说是国歌素材地。所谓素材，指文学、艺术的原始材料，就是未经总结和提炼的实际生活现象。辽宁抗日义勇军军歌等，确实符合这样的条件，全国也找不出比辽宁更贴切的地区。东北抗日义勇军纪念馆建在桓仁县，该馆承载着对辽宁乃至东北抗日义勇军的认定。我省应该借鉴上海国歌纪念广场、国歌展示馆经验，书写国歌素材地故事，叫响国歌素材地名号，塑造国歌素材地形象。

《义勇军进行曲》是中华民族最危急时的怒吼，抗日战争时期响彻祖国大地，甚至跨洋远播到世界多国，成为世界反法西斯战争的中国代表作。正因其救亡图存的壮志豪情、高亢激昂的旋律、经久不衰的传唱度，政协第一届全体会议将《义勇军进行曲》定为新中国代国歌，后来，国家以法律形式将其定为国歌。中华人民共和国成立后，依然面临危机四伏的局势，现在仍如此。古今中外，落后就要挨打，富裕也常挨宰，只有强起来，并且抱着敢于斗争、誓死必胜的信念，才能避免被欺负的命运。所以，经常重温国歌，有助于我们居安思危、激励斗志，以饱满的激情投身到中华民族复兴伟业之中。

（作者系辽宁省政协委员，机关一级巡视员）

打造资源型城市转型的盘锦样本

官 伟

盘锦市于 1984 年经国务院批准建立，是一座缘油而建、因油而兴的城市。"十一五"以来，辽河油田油气产量陆续进入递减期，作为一座资源型城市，盘锦如何转型发展？

20 世纪 70 年代初，党中央、国务院批准设立辽河石油勘探指挥部（现为辽河油田公司），开发辽河油田。祖国四面八方的石油大军，响应党中央号召会聚在盘锦这块亿万年来亘古不变的辽河荒原，打响了石油开发建设大会战。

数以万计的石油大军以"石油工人一声吼，地球也要抖三抖"的豪迈气概，战严寒、斗酷暑，抗强震、除洪涝，谱写了一曲曲战天斗地的凯歌。广大石油工作者经过艰苦奋斗，以革命加拼命的干劲，取得了石油会战大捷，打胜了一场场"硬仗""恶仗"，辽

河油田进入了全面开发阶段。以 1984 年打出日产原油 1503 吨、天然气 95029 立方米的高产井为标志，辽河油田开发建设驶入快车道，原油、天然气产量逐年递增，并于 1995 年原油产量达到 1552 万吨，天然气产量达到 17.5 亿立方米，为国家提供了石油能源保障。

就石油的生成与开采的特殊性而言，一座油田的发展面临资源枯竭的考验。特别是"十一五"以来，辽河油田油气产量陆续进入递减期，2021 年预计原油产量 1020 万吨、天然气产量 11 亿立方米。作为一座资源型城市，如何提前谋划，破解"矿竭城衰"这一定律，是摆在油地双方面前的难题。

2019 年 11 月，在油地双方充分论证、广泛协商的基础上，盘锦市委、市政府与辽河油田共同签署了《辽河储气库群项目战略合作协议》和《辽河储气库群项目建设运营合资合作协议》，揭开了辽河储气库群建设的序幕。辽河储气库群项目的快速推进，不仅标志着油地双方将在共同投资建设运营辽河储气库群项目、推进天然气产供储销体系建设等方面开展全方位、深层次战略合作，加速转型步伐，同时也标志着油地双方深度融合发展取得新的历史性突破。辽河储气库群主要依托辽河油田多年开采原油后废弃气藏等，通过改扩建形成地下天然库群。项目主要位于中俄天然气管道东线、秦—沈管线、大—沈管线及规划建设的盘锦港 LNG 天然气管线的枢纽位置，由双台子、雷 61、黄金带、马 19、龙气 5、高 3 等储气库组成。项目总投资约 600 亿元，整体设计库容量 258 亿立方米，可形成工作气量 143 亿立方米，年产值可达 300 亿元，油气当量和效益相当于"再造一个辽河油田"。2020 年雷 61 储气库已投产运营，2022 年、2023 年双台子、黄金带、马 19 储气库将相继投产运营，预计 2029 年全面建成投产，2031 年全面达产达容。

目前，经过油地双方共同努力，辽河储气库群项目已被纳入国家"十四五"规划，并列入中石油全国六大储气中心之东北储气中心，主要承担着为东北及京津冀地区调峰和国家能源战略储备任务。辽河储气库群项目不仅承载着国家战略，更承载着盘锦的未来。

辽河储气库群项目不仅在辽河油田接续产业发展上取得了决定性的突破，更为促进地方经济和社会事业发展起到了强力支撑作用。同时，辽河储气库群项目与正在建设的中俄天然气管道东线，与规划中的盘锦港 LNG 码头和北方天然气交割中心，与正在推进的辽宁石化产业布局优化和盘锦世界级石化产业基地建设，一体化形成产业链、供应链、价值链和空间链联动共生的现代化产业体系，具备无法复制的成本优势和不可比拟的产业拓展空间，必将成为全国天然气地下储备和能源安全保障中心。

（作者系盘锦市政协委员，盘锦市政协副主席）

这对夫妇，带着二人转走向世界

王　峰

从铁岭民间艺术团附属艺校，到进入艺术团成为专业演员，再到成为国家一级演员和铁岭二人转国家级非遗项目的传承人，张春丰、王超夫妇是当之无愧的铁岭二人转领军人物。

张春丰外形俊逸疏朗，王超娇俏灵动，两人在舞蹈和唱腔上都颇具天赋——与铁岭二人转舞台演艺风格非常契合；他们又勤奋刻苦、勇于钻研，很快成为艺术团的重点培养对象。2000 年，初出茅

庐的王超以一曲单出头《刘姥姥还乡》获中国曲艺牡丹奖大赛个人表演银奖，2002年又携该作品在韩国马山国际青年演剧节获得个人表演金奖。作为搭档的张春丰也毫不示弱：在摘得辽宁省第六届艺术节优秀剧目奖的秧歌戏《年年岁岁关东谣》中，随着一道清越而嘹亮的声腔"炊烟起鸟归林，晚风吹动水波纹儿"，张春丰扮演的男一号于青山绿水中划桨而出，博得全场雷鸣般的掌声……

梅花香自苦寒来。经过多年磨砺，张春丰和王超多次获得省艺术节个人金奖和全国曲艺大赛个人表演金奖，30岁出头便双双晋升为国家一级演员。作为铁岭二人转的领军人物，夫妻俩经常代表辽宁参加省际、国际文化交流演出。2007年，两人随团出访阿联酋，一段传统二人转剧目《大西厢》让他们成为舞台的焦点。一位满头白发的老华侨紧紧拉着他们的手说："出来这么多年了，第一次听到这地道的乡音，可真好听，这就是我小时候听到的味。"后来张春丰回忆说："那双含泪的眼和颤抖的手深深刻在了我们心里。对于他乡游子来说，这种传统文化就是刻在骨子里的乡愁。"从此，夫妻俩对二人转多了一份不一样的感情——如果说从前它只是一种职业，如今就是美丽而神圣的"事业"。

鲜花和掌声的背后是辛苦的付出。在随中国曲协出访哥斯达黎加演出时，张春丰意外伤了脚踝，他忍着剧痛挂拐上台，通过风趣幽默的"说口儿"和婉转动听的唱词，让这场"三条腿"的东北二人转别具韵味。尔后，中国曲协专程给铁岭民间艺术团写来感谢信，感谢艺术团为国家培养了德艺双馨的好演员。

以二人转为基础艺术元素，创作新型地方戏曲剧种"铁岭秧歌戏"，是张春丰、王超夫妇和铁岭文艺工作者的共同心愿。2021年初，铁岭市再次启动秧歌戏创作编排。在10月举行的辽宁省第一届地方戏曲小戏展演中，由艺术团创作、二人主演的秧歌戏《山乡春晚》引起观众的强烈反响，获得现场评委、专家的高度评价。他们认为，《山乡春晚》紧扣时代脉搏、选题准确、演员表演到位，堪称辽宁省小戏里标杆式作品。

守正道，多创新，出精品。这是张春丰、王超这对夫妻搭档对艺术的执着追求。作为"粉丝"，我祝愿他们艺术梦想早日实现！作为铁岭人，我期待铁岭民间艺术团和铁岭艺术人续写出艺术发展的新篇章！

（作者系辽宁省政协委员，铁岭市文化旅游和广播电视局局长）

看看这份辽宁美术事业的"成绩单"

韩高禄

"笔墨当随时代",每一个时代都是人类历史长河中的一个篇章。新中国成立 70 余年以来,辽宁美术事业顺应时代大潮走过辉煌的历程,传承着红色血脉,坚守着延安鲁艺精神,融汇于时代发展的洪流并在不同时期贡献出新时代的经典作品。

新中国成立伊始,辽宁领跑着新中国的美术事业。20 世纪 50 年代初,路坦、王绪阳的《鸡毛信》与《童工》,王绪阳、贲庆余的《我要读书》均荣获全国美术作品一等奖,这些作品为辽宁美术开启了新的篇章。为庆祝新中国成立 10 周年,辽宁参与国家重大工程首都十大建筑的美术创作。北京全国农业展览馆的《庆丰收》群雕创作引起了巨大轰动,成为新中国革命现实主义雕塑艺术的里程碑。

《红星照耀中国》沈嘉蔚 1987

《乌金滚滚》吴云华 1984

王盛烈的中国画《八女投江》成为中国革命历史画的经典之作。王冠的《梦绕黄山》开创了20世纪新中国书画合璧新的艺术形式。许勇的《郑成功收复台湾》、王绪阳的《黄巢起义军入长安》、贲庆余的《瓦岗军开仓分粮》等作品是新中国美术再现和重新建构历史的优秀作品。辽宁美术最早开始工业题材的创作，早在20世纪50年代，路坦深入鞍钢体验生活，创作了《老英雄孟泰》《炉前工》等作品。20世纪60年代到70年代，赵华胜等的《白手起家》《电缆工人攻尖端》作品再现了工人阶级奋发图强的创业精神，杭鸣时的《工业的粮仓》以宏大的场景描绘了抚顺露天煤矿的开采与运输，吴云华的《采铜尖兵》等都是时代的经典佳作。

改革开放至80年代后，辽宁美术更加获得活力和发展机遇。广

《大庆人》谷钢 2009

廷渤的《钢水·汗水》在题材关注和艺术表现上达到极高的造诣，成为中国当代美术史的里程碑作品。宋惠民的《曹雪芹》将中国历史题材和现代西方绘画形式融合，在自然与人文关怀上达到崇高的艺术境界。赵大均的《创业者》《冶炼厂》，吴云华的《乌金滚滚》，韦尔申的《吉祥蒙古》等都在开拓艺术思维、提升现实主义理念、关注自然与社会、人的精神与命运和艺术本体语言研究上达到一个高峰，成为时代的巅峰之作。沈嘉蔚的《红星照耀中国》，赵奇的《嘎达梅林》《可爱的中国》《生民——1885·旧金山·黄遵宪与华工》等作品，以史诗般的宏大叙事完成一个时代经典的讴歌。

进入 21 世纪，中国发生天翻地覆的变化，艺术创作呈现多元发展。新时代赋予了艺术家新的历史使命和新的机遇，谷钢的《大庆人》《红军到达陕北》在国家重大历史题材工程和中共党史题材创作中获得了高度的荣誉。谷钢毕生追求卓越，满腔激情地扎根人民中，深入生活，笔耕不辍，进行无愧于人民、无悔于人生的艺术创作。2016 年 8 月 16 日，谷钢在酷暑中带病坚持工作，在创作《红军到达陕北》巨幅油画时，不幸累倒在画架旁，以生命践行了伟大的长征精神。

辽宁美术 70 余年，凝聚了几代艺术家和广大美术工作者的辛勤耕耘。现实主义、历史责任、英雄情结、人类命运以及宏大叙事的艺术风格是辽宁美术的灵魂，是根植于新中国创业者早期革命的艰苦年代所浇灌的土壤之中，传承着红色基因的力量。辽宁美术未来将展现出极具时代特征的鲜明艺术风格，并积极探索当代美术未来的文化形态。

鲁艺精神，薪火相传，奋飞不辍！

（作者系辽宁省政协委员，辽宁师范大学教授）

辽宁舰、山东舰从这里起航

聂晓玲

  1995 年，我从哈尔滨工程大学船舶与海洋工程专业毕业，正式入职大船集团。始建于 1898 年的大船集团，见证了中国船舶工业从小到大的发展历程，创造了中国造船史上 80 多个"第一"——其中，建造的两艘航空母舰更是以实力彰显了底气。

  敢为人先，挺立潮头。面对船舶行业由计划经济向市场经济的转变，大船成为最早走出国门的造船企业。1980 年 5 月，大船集团与香港联成航运公司签订了 2.7 万吨散装货船建造合同，这是中国第一艘按国际规范和标准设计建造的出口船。在没有任何经验可以借鉴、对国际规范标准知之甚少的情况下，大船人以"造好出口船，为国争光"的气概，完成了"长城"号散装货船的建造，叩开中国船舶出口之门，开创了中国船舶工业的新纪元。

  由此，大船集团完成了由单纯国内造船向工贸结合的外向型企业的转变。乘势而上，大船集团向国际船舶市场制高点进发，先后自主研发和建造了中国第一艘 11.5 万吨和 11.8 万吨穿梭油轮、6.9 万吨化学品/成品油轮等被国际航运界誉为"中国大连型"和"当代国际先进水平的船舶典范"的船舶，大大提升了中国造船业的影

响力与竞争力。90年代开始，大船集团加快了追赶世界先进水平的步伐。先后建造了中国最大的9.8万吨成品油船，中国最大的15万吨原油船、散装货船，中国第一艘5.2万吨大舱口多用途船等当代国际先进水平的船舶。1999年8月，大船集团在国内首次承接5艘30万吨超大型油船，不仅实现中国几代造船人的梦想，而且结束了少数造船强国垄断VLCC领域的历史。

近代世界大国之崛起，无一不起步于造船，经略于海洋。伴随着中国海军的发展壮大，大船集团逐步建设成为我国水面舰船制造实力最强、为海军建造舰船最多的船厂，被誉为"中国海军舰艇的摇篮"。自新中国成立以来，40多个型号、820余艘舰船从这里驶向万里海疆。2012年9月，中国第一艘航母辽宁舰从大船集团正式交接入列；2019年12月，中国首艘国产航母山东舰交付人民海军。这是大船人铭刻在心的骄傲和荣耀。

百年大船，不仅建造出3000多艘各种船舶，更孕育出具有时代特色的大船精神：从特别能吃苦、特别能战斗、特别能奉献、特别

能创造的老军工精神，到 20 世纪五六十年代艰苦创业精神，七八十年代敢争第一的精神，九十年代以来始终站在中国造船工业最前列的创新争优精神，再到今天"和谐、拼搏、精细、创新"的大船精神和"爱国、创新、科学、拼搏、协作"的航母精神。大船精神造就了一代代坚韧不拔、勇于进取、拼搏奋进的造船职工，先后产生全国劳动模范 16 人次、全国五一劳动奖章获得者 10 人次、省部级劳动模范 100 余人次。其中，有"老黄牛"式的刨工方秀贞、"爆炸大王"陈火金、第一艘 VLCC 项

目经理林吉明、"央企楷模"马瑞云、十九大代表关英华、辽宁舰总建造师肖石、十三届全国人大代表刘征……

从1898年到2022年，铿锵双甲子；从经历俄日殖民统治到新大船，百年奋征程。如今的大船，形成了大连、葫芦岛、山海关和天津四地一体化发展的产业格局。如今的大船，拥有院士领衔的千人研发设计团队，有能力自主开发、设计和建造国际先进水平的各类船舶、海洋工程产品和LNG船。如今的大船，拥有21座船坞（其中10座30万吨级船坞）、10座船台、21公里舾装码头，以实力奔赴星辰大海，成为真正的"巨轮"大船！

（作者系辽宁省政协委员，大连船舶重工集团有限公司科协常务副主席）

阜新"风光"好

李淑梅

素有"煤电之城"美誉的阜新,"风光"亦无限。这里的"风光"可不是说自然风景,而是指风力和太阳能。

作为百年矿区,阜新拥有大量废弃矿坑、沉陷土地和荒坡等未开发利用的资源,加之阜新地处北纬42°西风带,"风光"资源十分丰富。有关资料显示,资源最优处140米高度平均风速7.15m/s,年发电设备利用小时数达4000小时,高出上海、江苏一带20%以上。

得天独厚的太阳能光资源，年总辐射量为 $4400\sim5028MJ/m^2$，属于典型的Ⅱ类光照资源区。

如何利用这些优势资源促进阜新步入高质量发展、全方位振兴的"快车道"？阜新于 2001 年迈出了坚实的第一步——华电公司在彰武县后新秋竖起第一座测风塔，拉开了阜新风电项目建设的序幕，众多央企和民营上市公司随之而来。目前，华能、大唐、中广核、晶科电力等近百家重点能源企业落户阜新。

如今，巨龙湖畔、丁香岭上洁白的风车与湖光山色交相呼应，成为阜新转型发展的地标和亮丽风景线。行走在阜新广袤的大地上，每一处高岗、每一个转动的风车，时刻为这个传统能源大市注入全新动能。

特别是 2019 年以来，阜新开展"双招双引"活动，打造辽宁省审批最少、政策最优、服务最好、成本最低的一流营商环境。这像一块巨大磁铁，吸引了嘉寓光伏组件、远景风机总装基地等一大批国内顶尖新能源装备制造项目落户阜新。据统计，截至 2020 年底，阜新已建成投产新能源项目 277.13 万千瓦、风电项目 42 个装机 240.83 万千瓦、光伏项目 30 万千瓦。还有 50 万千瓦光伏平价上网基地项目、80 万千瓦风电项目、14 万千瓦分散式风电项目和海州露天矿抽水蓄能电站项目正在全力推进。

蓝图绘就，重任在肩。站在"十四五"新的历史起点，阜新人将意气风发，斗志昂扬，奋力拼搏，携手为建设美丽、富庶、和谐、平安的新阜新贡献更多力量。

（作者系阜新市政协委员，阜新市市场监督管理局副局长）

用智慧为老年人幸福生活增添温暖

毛　雪

人到老年，总是有诸多不便。"老龄化"社会催生了大家对于晚年生活的担忧，如何让晚年生活更加舒适丰富精彩，是我一直思考的问题。

在调研中，我最常听到这样的感慨："当我们老了，儿女不在身边，有个急病可怎么办呢？"作为从事 IT 行业的一分子，怎么能通过信息技术为百姓解决痛点难题，为智慧城市建设做贡献，是我和团队一直思考探索的问题。

经过两年的时间，我们研发出维森智慧居家助残平台，经过锦州市 500 多名残疾人的试用，证实了这种远程看护设备方便了他们的日常生活，提供了及时便捷的安全保障。在给一位军属安装设备时，老人拖着残疾的身体拉着我的手说："谢谢你们关心我们，我前几天突然晕倒，醒来后够不着电话，也动不了身，在地上躺了四天滴水未进，后来是邻居找我，敲不开门，打了 110 来把我救了。如果早点有这个远程看护系统，该有多好！"听闻画家秦百兰女士在家摔倒、保姆无法将她扶起后，我们主动上门为她安装了远程看护设备。有需求时，只要按动一键呼叫，团队便会派人帮助她解决生活难题。

目前，这一智慧居家助残平台已免费为锦州市残联提供服务，成为辽宁省内残联系统首创。小病去医院就诊对老人来说十分不便。针对此问题，我们研发了健康管理板块——与符合资质要求的单位签约，请专家、教授在线上义诊，老人们可通过视频对讲或网上对话等方式进行诊疗，为老年人及其子女提供方便。我们还研发出可在四个社区试点使用的智慧居家养老公共服务平台，让老年人在家即可享受周到服务。打造"十分钟生活圈"，让周边的服务元素充分发挥作用，送餐、助浴、助医、助洁、零工零活、上门理发、清洗家电、通水换电……只要是老人需要的生活元素，我们都将其搭建在平台，在平台上下单后，服务就会以最快速度到达。老人们纷纷说："这太方便了！儿女不在身边，原来无法解决的生活难题，一下子叫你们解决了！"为了方便充满活力的老人，我们与社区沟通，开设了社区老年大学，就近就便让老人一出家门就可以写字、绘画、唱歌、跳舞，开设网上课堂，让他们足不出户就可以参加学习。针对老年人的身心特点，我们还与中国广电联合研发了电视端视频对讲系统，老人有事情打开电视即可与子女的手机或者社区及平台进行视频对讲，可以点餐、聊天、买东西、购买家庭服务等，真正达到了让老人舒心、子女放心、政府省心的效果……

秉承"用IT创造社会价值"的理念，做好集成创新、深度融合和贴心服务，我们开发的平台荣获辽宁省、锦州市职工创业创新大赛一等奖，女性创新大赛锦州赛区一等奖，维森公司也逐渐成为一流的智慧城市集成服务商、智慧城市运营服务商、城市数据资产运营商。城市需要智慧的力量来支撑。相信我们的努力，可以为未来的城市增添更多的智慧，为老人带来更多的温暖！

（作者系辽宁省政协委员，辽宁维森信息技术股份有限公司副总经理兼工会主席）

在《人民日报》为农民发声

康 杰

我是《人民日报》的忠实粉丝。从读者到作者，儿时的梦想变成了现实。

从我记事起，我们家就一直住在农村。以当时农村的条件，报纸成为我汲取知识唯一的精神食粮。在众多报纸里，我最钟爱《人民日报》，由于喜爱还养成了剪贴收藏的习惯。漫长岁月中，它成为我青年时代的一盏指路明灯，一直伴随我成长至今。

时光荏苒，岁月如梭。转眼间我已从青涩少年成长为一名地方民主党派负责人，在持续几十年的关注和学习后，我竟有机会成为《人民日报》的一名作者，让我儿时的梦想变成了现实。

怀着对农民朋友"舌尖上的安全"的关切，我带领调研小组先后来到辽宁、吉林、黑龙江、河北、河南、山东等地的农村进行调研。在调研中了解到，市郊、集镇私设屠宰场宰杀的畜禽，未经检疫就直接进入市场；肉内注水、注胶事件时有发生。同时，农村的熟食品加工作坊收购病死畜禽，加工中使用工业碱、沥青等化工产品的现象仍然存在。农村的小饭店、婚礼城卫生环境较差，从业人员大部分未进行规范的健康体检。

近些年，各级政府针对农村食品安全问题也相继出台了一些政

策法规，可是监管和服务不到位，对不卫生、不合格食物流入市场的渠道把关不严，食品的检验、检疫工作没能全面覆盖，农村百姓"舌尖上的安全"依然无法得到有效保障。因此，我撰写了《强化农村食品安全管理刻不容缓》的建议通过政协向有关部门反映。此建议一经提出，不但得到了相关部门的高度重视，也受到了新闻媒体的广泛关注。《人民日报》的记者竟然就此问题向我发来约稿邀请。于是便有了2017年1月11日《人民日报》20版"委员手记"版块，发表我的署名文章《保障农民"舌尖上的安全"》。

　　文章中，我提出四点建议：一要建立符合农村实际的食品安全管理机制，落实属地监管责任，建立县、乡、村三级农村食品安全监督网。二要利用12331消费者投诉举报咨询平台和开通食品安全微信公众平台等新媒体，调动消费者特别是农民的力量参与食品安全工作。三要切实提高农村食品安全监管水平，促进社会全员参与。四要开展食品安全进乡村、进社区、进校园、进集市、进商场的

"五进"宣传活动，形成乡镇、社区、村民小组三级网格化宣传模式，形成食品安全监管社会全员参与的良好氛围。

此文发表后，国务院食品安全办下发通知，要求全面实现农村食品安全突出问题和风险隐患治理工作目标，净化农村食品生产经营环境，切实提高农村食品安全保障水平。国务院办公厅督查室2017年11月下旬开展了全国农村食品安全专项督查工作。

能在我最钟爱的《人民日报》为广大农民朋友发声，是我一生的荣耀。我将尽我毕生之力，认真做好调查研究，尽心竭力履行职能，为农民朋友发声。

（作者系辽宁省政协委员，锦州市政协副主席）

办好每一起 "小案"

贾海洋

2013 年，我离开从事多年的法学教学研究岗位，被选配为沈阳市人民检察院副检察长。在新的工作岗位上，我积极履行政协委员职责，践行新时代 "枫桥经验"，把以人民为中心的理念转化为加强民生司法保障的生动实践。

主持公开听证，让检察有温度

2021 年 4 月，民法典正式实施后，沈阳市人民检察院民事检察部门举行的第一个民事诉讼监督案件听证会，听证的是一桩事关人民群众家庭遗产纠纷的 "小案"，却掺杂了双方当事人沉积多年的心结和怨气。

在公开听证前，案件经过一审、二审和审判监督程序，持续数年，涉及两代人，双方当事人各持己见、矛盾尖锐，和解概率甚小。公开听证会上，在听取了双方当事人最后的陈述发言后，我对当事人动之以情，晓之以理："老人留下的遗产不仅仅是物质财富，更主要的是一种基因的传承，一种情义，一种爱。这本来是好事，是对两个孙子的关爱。不要因为遗产，造成两个亲孙子老死不相往来。

这无论从法律上，还是从情理上都不应该。听证会后，如果双方认可，可以和解。"最终，双方当事人均当场表达了和解意愿，决定息诉。

宣传民法典，让人民有信仰

《中华人民共和国民法典》颁布实施后，为了让民法典走到群众身边、走进群众心里，沈阳市检察院在市府广场开展了"民法典与民同行"主题宣传活动。活动刚刚开始，前来"一探究竟"的群众就络绎不绝，不少人被桌上摆放的宣传资料吸引过来。我们发放了《中华人民共和国民法典》以及精心制作的虚假诉讼监督、民事执行监督宣传资料。针对群众生活中遇到的各种法律问题，在场的检察官热情地做出解答，并向群众介绍了民法典中与日常生活息息相关的合同、侵权责任、婚姻家庭、继承等内容。同时，通过介绍民事检察工作职能，并结合日常办案实际，以案释法，向群众告知哪些情况下可以向检察机关申请民事诉讼监督，真正做到"零距离"服务群众。

保障企业发展，让司法有力度

在履职过程中，我了解到，有企业遇到虚假诉讼和民事执行问

155

题，严重影响正常经营。我第一时间带领分管部门的检察官连续走访沈阳某置业公司和沈阳某房地产开发有限公司。经过详细了解案件情况，初步判定这两起案件涉嫌虚假诉讼，当场指导该企业工作人员准备案件相关材料，同时认真细致答复企业在经营活动中遇到的法律问题。两家企业的负责人对检察机关为民营企业保驾护航、助力法治化营商环境建设给予肯定和感谢。

坚守为民初心，强化责任担当。我将继续满怀深情地为人民群众排忧解难，擦亮检察官前面的"人民"二字，让人民群众在每一个司法案件中都感受到公平正义。

（作者系辽宁省政协委员，沈阳市检察院副检察长）

新数字助推老工业基地"基因重组"

张绍虹

辽宁是新中国第一炉钢水喷涌、第一架喷气式飞机起飞、第一艘万吨巨轮扬帆出海的地方。作为老工业基地，辽宁工业基础雄厚、门类齐全，传统工业体系完善——第一台国产鼓风机、第一台国产内燃机车、第一台国产 CT 机、第一台国产 X 射线探伤机……一个个闻名遐迩的"第一"，曾让这片土地在中国工业发展史上书写下辉煌的成就。

然而，传统的优势，也曾在一段时间、一定程度上制约了这片土地的迭代与进步。而今的辽宁，亟待"基因重组"。

辽宁省委在十二届十四次全会上提出"建成数字辽宁、智造强省"的 2035 年远景目标，把"数字辽宁、智造强省建设取得显著成效"作为"十四五"时期经济社会发展主要目标之一。为推动数字技术与实体经济深度融合，赋能传统产业转型升级，辽宁省又推出了一系列举措：成立数字辽宁建设工作领导小组，印发《数字辽宁发展规划（1.0 版）》《辽宁省工业互联网创新发展三年行动计划（2020—2022 年）》，召开省制造业数字化转型工作交流会、2021 全球工业互联网大会的数字化转型对接交流会等等。2022 年，辽宁省财政安排 30 亿元专项资金，将新建 5G 基站 2.5 万个，推动 1 万户

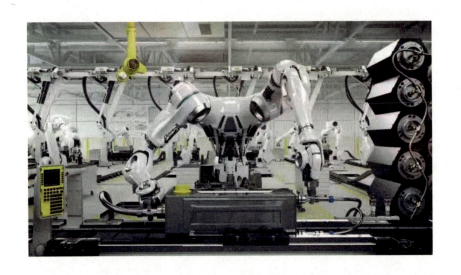

工业企业"上云",打造 300 个以上应用场景。目前,辽宁已有 109 个重点数字化项目完成建设,企业生产效率平均提升 21.2%,运营成本平均降低 15.6%。

当新数字遇上老基地,一串串火花竞相迸放。

辽宁通过与华为等企业的合作,充分发挥云计算、大数据、人工智能等技术优势,推动了数字化产业发展,也通过"新基建"项目的落地,为产业数字化转型奠定了基础。2021 年上半年,从规模以上工业看,辽宁省高技术制造业增加值同比增长 11.6%,其中电子及通信设备制造业增加值增长 12.1%。从工业新产品看,新能源汽车产量同比增长 1.1 倍,服务器产量增长 73.1%,集成电路产量增长 67.5%,工业机器人产量增长 33.6%,智能手机产量增长 16.5%。

当数字技术深度赋能到千行百业的核心业务场景中,一个个不可能变成可能。鞍钢技术团队深入研究冷轧、热轧、酸洗、彩涂等工序对网络的差异化需求,量身定制了一整套工业互联网解决方案,构建起稳定、快速、安全、可靠的网络,有效对业务进行支撑。其

中钢材成材率提升 11%，辅料消耗量减少 4%，生产成本每季度节省近 200 万元。华能大连第二热电厂积极寻求借助新 ICT 技术推动企业的数字化转型，提升设备故障处理效率，提高电厂设备运维能力，设计了可以满足未来 5 年信息化需求的园区网络。

用数字引擎驱动百年工业基地"脱胎换骨"，焕发新生机。目前，辽宁省围绕智能制造、数字场景应用等领域，梳理出重点推进项目 1389 个，对外发布 11 项数字化转型重大成果。长征云 4.0，帮助企业快速构建工业数字化解决方案；腾讯云（辽宁）工业互联网基地，搭建辽宁工业互联网平台，培育工业互联网开放生态体系；智能装备工业互联网平台，提供稳定可靠的大数据分析处理与云计算能力；基础机械关键零部件国家公共服务平台和工业互联网平台创新应用推广中心，推动工业基础软件服务平台的应用普及；国网辽宁省电力有限公司的区块链建设，聚焦现代智慧供应链体系，以区块链技术为核心，创新供应链业务场景应用；鞍山菱镁工业互联网建设及应用，穿透传统电网与用户间的分割界面，将感知控制设备延伸至用户内部；基于磁电复合感知技术的油气长输管道智能内检测仪器，实现管道在线内检测、实时分析和采集管壁缺陷信息并实现高速存储等等。借助数字经济的东风，辽宁紧抓科技革命和产业变革的先机，加强关键核心技术攻关，激活传统工业的雄厚家底，加速构建高端、高质、高新的现代产业体系。在未来的路上，辽宁必将再创荣光。

（作者系大连市政协委员，大连鼎鑫会计师事务所有限公司总经理）

"院士专家行" 助推抚顺石化产业优化升级

石 晶

"院士专家行" 活动是九三学社中央的社会服务工作品牌。2017 年起，社省委积极推动 "院士专家行" 活动在辽宁深入开展。目前，"院士专家行" 活动已经成为辽宁九三学社开展社会服务工作的重要平台，借助 "院士专家行" 活动，积极调动辽宁省乃至全国九三学社院士专家资源，为企业提供技术 "土壤"，搭建技术服务对接平台，扩大技术服务覆盖面，积极促进科技成果转化和做好结构调整 "三篇大文章"。

近几年，"院士专家行" 活动持续在抚顺市深耕服务，助推抚顺市转型振兴及石化产业优化升级。

坚持需求导向，助力企业破解生产难题。社省委通过抚顺市科技局广泛收集企业最关心、最直接、最现实的难题，把问题清单做实做细做小。近两年，持续邀请九三学社上海市委主委、华东理工大学副校长、中国工程院院士钱锋来到抚顺。在抚顺期间，钱锋院士及专家团队深入企业进行实地调研，并召开对接会为企业答疑解惑。例如，会上有一个企业咨询油页岩废石头料处理的技术问题，专家直接指出 "加氢精制"，并表明他的项目团队具有成熟技术，可结合该企业需求制订设计方案帮助解决。这样的事例在对接会上不断涌现。

把脉产业方向，助推地方经济持续发展。在 2020 年的关键时间节点，钱锋院士专家团队再来抚顺，针对抚顺市石化产业安全、环保、高质量发展问题，石化产业园区晋升国家级高新区的科技层面问题，以及页岩油降本增效、精细化工产业布局、碳材料产业发展等方面问题，为抚顺市"十四五"期间石化产业布局和产业发展方向提出意见建议，并将化工行业的新发展理念带进抚顺。

搭建对接平台，巩固"院士专家行"成果。"院士专家行"活动为社省委服务企业、助力优化营商环境拓宽了思路，社省委正探索在抚顺建立九三学社科技创新服务基地，签署"九抚合作"协议，巩固做实"院士专家行"活动成果，将九三学社院士专家优势、科技创新优势转化为地方发展优势、经济振兴优势、新动能新活力优势，实现"多方共赢"。

目前，"院士专家行"活动已经从科普讲座扩大到科技服务、科技咨询、技术对接等多方面、多层次，内容丰富，成效显著。九三学社辽宁省委将把"院士专家行"社会服务品牌做大做实，充分发挥九三学社科技人才荟萃、科研成果丰厚的优势，进一步扩大服务覆盖面，从助力抚顺石化产业转型升级向辽宁省内其他产业和地区延展，为辽宁全面振兴持续发力。

（作者系辽宁省政协委员，九三学社省委专职副主委）

小浆果带来"大变化"

赫立群

春寒料峭,空气中还弥漫着年的味道。

在丹东市振安区汤山城镇龙升村公路边,连片的 8 座草莓大棚引人注目。在一座大棚里,女主人正忙着套袋、装果。"大年初一我们都在棚里摘果,整个春节全家人都在草莓大棚里忙活,一天也休不上。"她笑着说。虽然辛苦,但种植草莓带来的收益让家里过上了富足的好日子。

果子的丰收,离不开科研人员的付出。在汤山城镇北林软枣猕猴桃苗培育实验室里,钢架上整齐地摆放着一排排玻璃器皿,里面培养着"组培苗",一派生机。

据丹东北林农业研究所负责人介绍,实验室里有近万瓶软枣猕猴桃苗,工作人员将采集来的优良母树"外植体"实施"组培脱毒"后,在器皿里进行处理,最后再把这些"组培苗"移栽到园区温室里,为春天的育苗、繁殖做好准备。目前,全镇软枣猕猴桃种植面积已达 3883 亩。

"软枣猕猴桃非常适合庭院种植,不仅能增加收入,还可以美化环境。"龙泉村 4 组村民宋福海是第一批尝试种植软枣猕猴桃的农户。汤山城镇以点带面推动软枣猕猴桃产业大规模发展,大力发展

庭院经济，既让每家每户绿意葱茏、景色宜人，又推动其与农家乐旅游结合起来，集观光、体验、采摘于一体，使庭院经济和旅游业相互促进、共同发展。

软枣猕猴桃的规模发展是汤山城镇小浆果产业的一个缩影。如今的汤山城镇，各色小浆果产业蓬勃发展，蓝莓种植面积达6257亩，820亩的草莓大棚效益可观，联结农户3万多户，山城处处有景，农户家家有果。

近年来，名声越来越大的汤山城小浆果打开了电商市场，不断扩大品牌效应。蓝莓品牌"哈哈莓"获得国家级农业协会金奖，实现了山城小浆果从"种得好"向"卖得好"的转变，小浆果带来的大收益让汤山城镇农民过上了多彩多姿的幸福生活。

（作者系丹东市政协委员，丹东市农业综合行政执法队高级农艺师）

唱响青春，演绎梦想

——沈阳音乐学院的发展之路

庞　渤

　　沈阳是著名的国家历史文化名城，是东北地区政治、经济、文化中心和重要交通枢纽。在这样一个具有悠久历史文化积淀的副省级城市中，有一所其前身由毛泽东、周恩来等老一辈无产阶级革命家在延安倡导成立的艺术院校——沈阳音乐学院，这所东北地区历史最悠久的专业音乐院校为沈阳、东北乃至全国的专业音乐教育，特别是现代音乐的高等教育和文化市场繁荣做出了重要贡献。

　　随着改革开放以来经济、文化、教育等领域在世界范围内的多元化发展和多维度融合，沈阳音乐学院的现代音乐相关专业应运而生。

　　在专业教育领域，沈阳音乐学院自20世纪80年代末期开始逐步设立了流行音乐演唱、电子管风琴演奏、流行萨克斯、电吉他、电贝斯、流行打击乐、爵士钢琴与合成器演奏等现代音乐相关专业。其中一些专业在全国音乐专业院校中最早开设，通过学习借鉴国外先进的现代音乐专业教学体系模式，结合我国现代音乐教育的实际情况，经过不断的改革创新与教改实践，在包含国务院政府特殊津贴专家、辽宁特聘教授等专家教学团队的不懈努力下，现已形成了以素质教育为基础，以能力培养为中心，教学科研与艺术实践相结合，富有时代特征、适合我国国情，能为新时代中国特色社会主义文化和教育建设服务的现代音乐高等教育体系。

多年来，沈阳音乐学院培养了大批优秀的专业人才。他们有的蝉联亚洲及全国电子管风琴比赛第一名，有的在"金钟奖流行音乐大赛"和"全国青年歌手电视大奖赛"等各级各类比赛中频频获奖，为各级各类学校、专业团体、文化场馆等输送了大批高素质复合型音乐表演、教学人才，一度引领了国内高等音乐院校现代音乐的教学模式，为"沈阳"这一亮丽名片在高等教育领域，特别是专业音乐教育领域涂上了浓重的一笔。

在繁荣文化市场方面，沈阳音乐学院多年来为现代音乐相关专业培养了一批在国际国内专业舞台和大众文化领域具有极高人气的艺术家和"明星"，如著名歌手庞龙、吴莫愁、王小玮（玖月奇迹成员）、王紫凝等，充分发挥了各专业方向在国内拓荒性的发展优势。

在新的起点上，沈阳音乐学院将整合教育资源，深化教学改革，构建专业与思政同向同行的育人新体系，把思政工作贯穿教育的全过程，做到全程育人、全方位育人，紧扣时代脉搏，与社会接轨，与市场接轨，与国际接轨，与时代接轨。

讲好辽宁故事，其实就是从自身出发，立足本职工作，争做履职先锋，故事的美好和动人不在于故事内容本身有多伟大，更多在于是不是用心去书写故事。在自己的工作岗位刻苦钻研、精益求精就是动听的辽宁故事，在自己的专业领域改革创新、勇攀高峰就是感人的辽宁故事。让我们携手讲好每一寸热土的美好故事，为辽宁新时代全面振兴、全方位振兴贡献力量。

（作者系沈阳市政协委员，沈阳音乐学院现代音乐学院院长）

用好侨界声音　助推辽宁发展

刘凤伟

七律·侨助辽宁振兴

宇内侨胞正气醇，群英荟萃吐芳芬；

五湖四海同发奋，万水千山共铸魂。

酒话桑麻千业好，茶言骨肉一家亲；

辽宁创业传佳话，全面振兴沈梦真。

改革开放以来，广大侨胞与中国的发展变革愈发紧密。据统计，改革开放至今我国引进外资 60% 以上是侨资，外资企业中 70% 以上是侨资企业，引进的海外高层次人才 90% 以上是华侨华人，海外侨胞捐助国内公益事业占中国民间慈善捐款半数以上。

辽宁是重要侨乡，拥有海外侨胞、归侨侨眷近 300 万人，其中高科技人才众多。全省侨资侨属企业 2000 多家，资产规模过百亿元。多年来，他们以多种方式支援家乡建设，参与公益活动，为促进全省对外交往、加快辽宁经济社会健康发展做出了巨大贡献。

实现中华民族伟大复兴是海内外中华儿女的共同梦想。从外部环境看，实现这一伟大事业，必须秉持"合作共赢"这一中国倡导的新型国际关系价值观，必须坚持建设命运共同体，必须连接中国梦与各国人民追求幸福的梦想。而海外侨胞就是连接中国梦与世界梦的天然使者和桥梁，中国的发展离不开数千万海外侨胞的支持和参与。

海外侨胞是讲述中国故事、传播中国声音、向世界解读中国最为理想的"民间大使"。海外侨胞可以运用自身强大的经济实力、深厚的人文素养、发达的商业网络、丰富的社会资源等综合优势发挥独特作用。海外侨胞在促进国家间、民众间共识方面有着独到视角，能够发挥独特作用，有助于做活这盘大棋。因此，用好侨界声音，对于传播祖国文化、讲好辽宁故事有着至关重要的作用。

坚持为侨服务　提升"软实力"

身为辽宁省政协委员，我不断为侨界发声，始终心系归侨侨眷，注重为侨服务，通过与广大侨胞侨眷千丝万缕的联系，让侨胞侨眷听到乡音、感受乡情，增进外国民众、企业和社会对辽宁的了解和对故乡的归属感和认同感，传播辽宁文化，塑造辽宁良好形象。

侨联是党和政府联系广大归侨、侨眷和海外侨胞的桥梁和纽带，是广大归侨侨眷的娘家，担负"家"的责任。本溪市侨联充分发挥人民团体的组织功能和独特优势，开展新时期的侨务工作。全体侨务干部凝心聚力、扎根基层、服务基层，通过开展侨情调查、联谊活动、走访慰问、普法宣传等活动，建立侨界人士联系网络和工作群，了解他们的心声，促进上情下达、反映社情民意，确保联系侨界的渠道畅通，确保党的各项侨务方针政策贯彻落实。

创新联谊方式，突破传统的以"亲情、乡情"为主的联络联谊，融入"以宣传营商环境，助力侨界发展"为主的现代联络联谊，打造"亲情中华"品牌，弘扬海外侨"情"。与马达加斯加京城中华总会建立友好关系，成功推荐桓仁县"辽宁东北抗日义勇军纪念馆"作为中国侨联"华侨国际文化交流基地"，组织本溪市书画艺术家与新加坡艺术家开展书画网络联展共庆新春，组织侨界艺术家参加辽宁省政协、省侨联、本溪市文联举办的"庆祝建党100周年"书画摄影展等等，深受广大归侨侨眷的好评。

服务侨商企业，帮助搭建平台，开展招商引资工作。我们号召深入侨企定点服务，带领侨商到县区调研考察，亲自对接大连冠铭集团投资建设的"本溪休闲康养大家庭"项目，经常了解项目进展情况并帮助解决实际问题。深入开展"班子连县区、干部连侨企"活动，机关干部对接侨资企业，切实帮助解决问题。积极服务侨界，依法维权，帮侨护侨，向省侨联争取资金，服务侨界群众。坚持逢年过节走访慰问困难归侨，帮扶救助困难归侨侨眷，归侨侨眷的心与我们贴得很近。

针对归侨侨眷普遍反映强烈的热点难点问题，积极组织侨界"两代表一委员"出谋划策，参政议政。推进《中华人民共和国归侨侨眷权益保护法》的宣传贯彻落实，主动深入到本溪市各社区、侨企，开展侨法宣传。在本溪市6个县区积极搭建"侨胞之家"服务平台，向社区归侨侨眷解读习近平总书记关于侨务工作的重要论述，讲解侨务的发展历史及在党的领导下侨务工作的新发展，与社区侨务工作者交流探讨将侨务优势与社区优势相结合的有效方法。邀请辽宁科技学院教授为社区群众讲解生态环保酵素知识，邀请本溪非物质文化遗产满族剪纸传承人与社区归侨侨眷交流剪纸艺术。把"党建带侨建、党侨共建"融入基层工作之中，开展支部共建，

与红十字会一道为社区百姓送去应急救护知识，开展为社区居民清理楼道小招贴等民生实事活动。当得知高新区"侨胞之家"所在的柳峪村土豆滞销的情况，本溪市侨联通过媒体平台发布消息，积极联系电商平台，协调销售。本溪市侨联党支部还组织机关党员干部纷纷购买，机关认购土豆500余斤，帮助销售土豆几千斤。侨联组织牢牢把握"侨胞之家"正确方向，让"侨胞之家"饱含家的热度，体现侨的特色，充满侨的味道，努力建设成为侨胞和归侨侨眷的"灵魂之家""关爱之家""友谊之家""活力之家"。本溪市有两家社区荣获"全国侨胞之家"称号。

广大侨胞侨眷有意愿也有能力承担责任，我们有义务有效引导华侨华人通过民间友好交往，参与政策沟通、设施联通、贸易畅通、资金融通、民心相通。作为辽宁省政协委员，我要积极为侨胞事业发展创造有利条件，为侨胞侨眷服务好，用好侨界声音、讲好辽宁故事，使他们能够更好地为辽宁高质量发展贡献智慧和力量。

（作者系辽宁省政协委员，本溪市侨联主席）

"塞外水城" 美丽喀左

米丽君　裴军民

　　喀喇沁左翼蒙古族自治县（简称"喀左县"）积极探索"绿水青山就是金山银山"的有效转化途径，打造城乡一体化全域旅游发展格局，实现了生态效益和经济效益双丰收。日前，喀左县入选国家第五批"绿水青山就是金山银山"实践创新基地。

　　喀左县地处辽宁省西部、朝阳市西南部，是"突破辽西北战略"实施的重点区域，历史悠久，生态环境良好，自然资源丰富。横贯辽西的大凌河在县境内蜿蜒纵横，故而山水灵动的喀左县又被称作"塞外水城"。

　　一直以来，喀左县牢固树立习近平总书记"绿水青山就是金山银山"的生态文明发展理念，紧紧围绕"生态立县、生态强县"的总目标，重点打造三点支撑、一带串联、一环主导的全域旅游发展格局，改善农村环境，不断提升生态文明建设水平，打造出龙凤山、龙源湖、浴龙谷等国家 AAAA 级旅游景区，伊湾人家民俗特色园、润泽花海等生态旅游产业，带动村民增收。水泉镇南亮子村利用当地 15 万年前的古人类遗址——鸽子洞遗址和凌河第一湾的地理区位优势，采取"党支部+经济实体+贫困户"发展模式，成功打造了以餐饮垂钓、鲜果采摘、水上娱乐、特色民宿为特色的辽宁依湾农家

172

生态景区。通过特色农业和乡村旅游相结合的方式，以旅促农、农旅互动，为有劳动能力的贫困户提供就业100余岗，实现村集体经济增收50万元，带动人均增收2000元。润泽旅游景区，有300亩花海，每年4月到10月，花香随风飘散，淡淡的清香令人陶醉。周边大棚里是绿色有机蔬菜，景区采用农业加旅游的模式，带动农户致富增收。

一直以来坚持绿色发展理念，贯彻既要金山银山，又要绿水青山的经济与生态双赢发展思路，优化产业布局，将生态、绿色、低碳发展融入全县经济发展、城乡建设、民生保障、社会治理等全过程，经济结构不断优化调整，积极推动老企业转型升级，淘汰了一批能耗高、污染排放大的传统项目，引进和培育了一批科技含量高、产业链条长、生态环保的新项目、大项目，对矿山、水系等多方面进行生态规划。截至2022年底，喀左县共创建省级生态乡镇4个、省级生态村39个、市级生态村8个。近三年来，共整顿31家矿山企业，生态修复矿区2000多亩，投入资金3000多万元；青山修复1800多亩，投入资金2000多万元。总投入达4.1亿元。

近年来，在大凌河干流源点实施治理工程。大凌河的西支流和南支流在这里交汇，形成大凌河的干流。20多年前的烂河套，建成了现在龙源旅游区核心景区。湖区域内建成10公里生态景观廊道，水面湿地超万亩，被誉为"北方西湖"。湖中间建起的7个湖心岛已经成为野生鸟类栖息的乐园。夜幕下的龙源湖华灯璀璨，景观大桥、民族游园、音乐喷泉、水幕电影、戏水沙滩为景区增添无限魅力。周边山体以前部分是矿山，经过几年的治理，现在已经都被绿色的植被所覆盖。目前全县森林覆盖率达到43%，环境空气质量平均优良率达到83%。平房子镇小营村浴龙谷温泉度假区，形成了"生态治水+滨河旅游""温泉+文旅+农商""特色种植+品牌基地+农旅融合""生态休闲农业+沟域旅游""生态农业+互联网"等一批可复制可推广的"两山"转化模式，统筹推进山水林田湖草沙综合治理，构建了以山水为依托、绿地为纽带的城乡生态系统，成为"两山"理论在辽西北乃至全国干旱半干旱地区的创新实践基地。

如今，喀左县各项旅游数据连创新高，全域旅游品牌的知名度、美誉度显著提升，以生态保护为前提的旅游业已经成为引领县域经济发展的新引擎，实现经济效益、社会效益双丰收，真正实现了"绿水青山就是金山银山"的完美转化。

（米丽君系辽宁省政协委员，朝阳市喀左县人大常委会教科文卫委员会一级主任科员；裴军民系辽宁省政协委员，中国天主教主教团副主席，辽宁省天主教教务委员会主席，天主教辽宁教区主教）

果园"芯片"带你解开致富密码

刘　志

　　金秋时节，硕果累累。营口盖州市小石棚乡杨树房村，优质精品水果压弯了枝头，51 岁的李德峰正在果园里忙活，手里电话不时响起。"真没果儿了，都预订完了，明年我再多种些。"9 月，李子还未完全成熟，他说："我从 2012 年引进省农科院果树所的新品种'国峰 2 号''国峰 7 号'等，从 12 元一斤涨到 20 元一斤，还是供不应求。"

　　"要想果树管得好，就得跟着专家跑。"这是我听到李德峰讲得最多的一句话，也是辽宁百万果农对果树所专家的最好褒奖。

　　辽宁省农业科学院果树研究所取得了众多科技创新成果，最早育成我国第一个自主知识产权苹果新品种"迎秋"；育成的特早熟苹果品种"辽伏"，把苹果栽培地域向南推进 4 个纬度，填补了我国长江流域没有大苹果栽培的空白；率先从日本引进富士苹果并进行丰产技术的研究与开发推广，带动了全国富士苹果的发展，为完成我国历史上第一次苹果品种更新做出了重要贡献；较早开展北方设施果树栽培研究，有力推动了辽宁省内乃至全国设施果业的发展；建有全国最大的国家李杏资源圃，蓝莓、李、杏等优势特色果树研发，推动了辽宁乃至全国特色高效果业、寒旱山区生态果业和旅游观光

果业发展。

瞄准果树"上山下滩"的发展方向，聚焦辽宁旱寒地区、瘠薄地区、边远山区、民族地区等产业发展需求，从资源、育种、栽培、贮藏、加工等产前、产中、产后全产业链开展科技创新和技术服务。"十三五"以来，通过"项目+专家+企业+基地"的农业开发推广策略，果树所组建3个扶贫工作队、21个科技特派团，选派1名科技副县长和7名第一书记（副乡镇长）长期工作在乡村第一线，在省内14个市建立新品种、新技术推广示范基地300余处，扶持镇（村）基地146个，扶持企业、合作社等新型农业主体156家。苹果专家、科技副县长王宏研究员，带领团队扎根义县13年，把义县昔日的荒山僻壤种植成30多万亩的脱贫致富绿色银行，"红翠寒"牌苹果远销东南亚，带动一大批贫困户脱贫；女博士张琪静研究员在阜新彰武挂职科技副镇长，扶持全县1200亩的设施樱桃基地高效生产，亩效益12万元；葡萄种植专家孟凡荣，立足桓仁特有的生态条件发展威代尔冰葡萄，年产冰葡萄500万公斤，支撑创建了"世界

黄金冰酒谷"特色产业基地。

　　实现共同富裕，核心是产业，关键靠科技。省农科院果树所人不断挖掘、利用、保护好果树资源和品种在科技创新和产业支撑的"芯片"作用，为辽宁果业发展插上科技的翅膀。

　　（作者系辽宁省政协委员，辽宁省果树科学研究所仁果研究中心主任）

网格积分"网"住了民心

单世娇

"我这个可是'最高奖项',做好事能领到奖品,以后更要好好干,把为群众服务工作做好……"12 月初,丹东市振兴区永昌街道宾馆社区党员赵雪琴拿着用 500 网格积分兑换来的一桶玉米油高兴地说。

志愿者在宾馆社区少儿活动站为孩子们讲党史

赵雪琴所在的三幼街 8 号楼，一户新搬来居民想更换下水管，因为和一楼住户没有协调好，导致无法施工。赵雪琴了解后，主动和一楼住户联系，将双方的矛盾化解，业主顺利更换了水管。因为帮助调解邻里关系，赵雪琴的网格积分卡上增加了 10 分，总分 500 分使她成为全社区最高分得主。除了赵雪琴，宾馆社区的志愿者、网格员、党员们都拿着积分卡，像晒成绩单一样展示着一年来的工作积分。每完成一项任务，就会获得相应的积分，这些积分可以兑换奖品。

2021 年初，宾馆社区根据辖区实际，创新党建引领基层治理模式，通过"奖实干、励善行"的方式，设定网格积分卡制，坚持把支部建在网格上，为"党群一张网"穿针引线，推动支部成为基层治理的"指挥部"，支委成员成为基层治理的"指战员"。

在"网格积分卡"管理中，进一步明确网格化管理的目标任务，为党员设岗定责，落实党员"庭院卫士""楼栋管家"岗位职责，

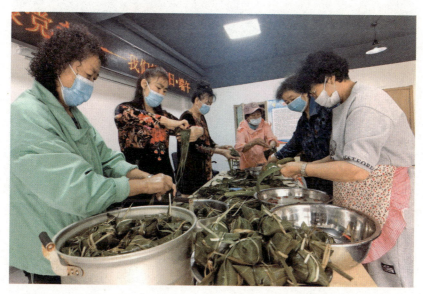

党员群众在宾馆社区新时代文明实践站为大家包粽子

明确职责任务，同时量化工作指标，积分卡项目共分为党员管理类、社区事务类、社会治理类3个大类12个小项，党员群众根据具体工作内容获得相应积分，实现了"多网合一、一格多能"，以此凝聚广大居民群众，形成一张有效覆盖社区的基层社会治理网络，不断推进基层社会治理有效有序、精准精细。

2021年，社区共有350余名党员群众参与其中，网格积分卡不仅激励了群众，也让做得好的党员有荣誉感，使社区模范党员、优秀志愿者、十佳网格员的群体不断壮大，形成了浓厚的比学赶超氛围。在良好的社区服务氛围中，宾馆社区涌现出一大批好人好事，社区居民曾庆萍、刘田玉积极参与社区志愿活动，每天清扫小区卫生，清理小广告，保持小区内环境卫生；社区居民周文先、李敬东、李强组成巡逻队，定期在社区内义务巡逻，发现形迹可疑人员主动排查……还有居民主动对乱贴小广告、乱扔垃圾人员进行劝阻，维

志愿者画宣传画

护社区安宁。

网格积分，"网"住了民心，"积"出了成效，而一张小小积分卡，激发了社区治理"大干劲"和"大能量"，让人人有责、人人尽责、人人享有成为社区居民的共识。

（作者系丹东市振兴区政协委员，振兴区政协委员工作委员会主任）

从皇室酒坊到酒文化名镇

朱　虹

皇族荣光三百年，匠心传承四百岁；

昔日贵品贡清廷，今朝琼浆飨布衣。

　　大孤家子镇半拉山子村位于沈阳市法库县南部，风景秀丽，民风淳朴，是满族传统酿酒工艺研发基地，以其悠久的酿酒历史和丰厚的文化底蕴，成为远近闻名的休闲旅游胜地。

　　近年来，法库县充分利用半拉山子村文化资源，重点打造爱新觉罗皇家博物院等国家 AAAA 级文化旅游景区，多措并举促进产业

融合发展，这个昔日依靠种植业发展的传统小镇成为集满族酒文化游、满族酿酒体验、餐饮、住宿、农业休闲采摘、农业观光于一体的文化名镇，先后获得了"全国生态文化村""全国乡村旅游重点村""中国美丽休闲乡村""辽宁省特色白酒小镇""辽宁省乡村旅游示范村"等荣誉称号。

坐落于"国字号"乡村的爱新觉罗皇家博物院，前身为辽代皇室酿酒作坊，1635年更名为"祖家坊烧锅"。古井甘泉，草舍泥墙，曲香缭绕，吸口气酒香浓郁，喝口水清凉甘洌——这里世袭几代酿造，被誉为"满族酿造第一坊"。"美酒之地必得甘泉，泉甘而酒美。"县志记载，酿酒所用的这口古井已逾千年，据地矿专家鉴定它是一口含特殊矿物质的水源，四季泉涌不息。

博物院内古建筑、历史文物、传统酿酒工艺、皇家文化景区完美结合，相映生辉。传统酒海糊制工艺、传统造纸工艺、石锅和泥窖四项非物质文化遗产，传承了中国几千年的酿酒历史和满族传统工艺。长达1公里、内存300余个酒海的地下酒窖里有清醇幽香的

酒气，窖壁上有满族源流、清朝发展史等图文壁画，完美诠释了满族历史文化的精髓。

有几百年历史的八旗井、柳条边，地面通道上铺设的有百年历史的青石、磨盘都记载着这里以往的繁华。至今还传承着清帝的私房酒和制作配方与工艺，亦代表了古代帝王的养生之道。满族标志的神杆——索伦杆、九龙壁，呈现出这里当年的尊贵。

法库县多次依托爱新觉罗皇家博物院举办旅游文化节，全面展示白酒小镇独特的自然风光、人文景观和满族文化魅力，集中推介法库地产优质农产品，进一步提升了大孤家子镇的知名度和影响力，也拉动乡村旅游产业发展，促进农民增收，推动乡村振兴。

从最早的卖酒为主，过渡到深耕酒文化，逐步向旅游业融合，接续发展的思路让传统产业焕发新的生机，村里的生活环境好了，村里企业的待遇提高了，村民的收入增加了，大家过上了体面的生活。越来越多的年轻人选择回到家乡、留在家乡安心创业，把"乡愁"化作一份动力、一份情怀，在钟情和热爱的土地上奉献智慧和青春……

（作者系辽宁省政协委员，辽宁润嵘达贸易有限公司董事长）

从田间到餐桌，一路领"鲜"

肇虹岩

2022 年 1 月 1 日，一架喷涂着"中国邮政航空"的飞机从南京禄口国际机场起飞，伴随着新年的第一缕阳光翱翔，并于 8 点 35 分飞抵辽宁丹东浪头国际机场。

这架飞机装载了"新鲜"的产品，也承载着"新鲜"的故事：为提高时鲜产品的运输效率和质量、扩大丹东特色产品的销售渠道，丹东市政府统一组织协调，由市交通运输局牵头，市邮政管理局、浪头机场有限公司、邮政公司通力配合，实现快递行业发运省际草莓从丹东直飞全国的突破。

波音 737 机型满载可达 13 吨的大容量运输，提升了本地航空出口运力，减少经转运输环节，有效降低生鲜邮件的破损率。同时，自主掌控全环节装载流程可有效预防冻损、变质等问题。以草莓为例，它满载可装载草莓邮件 3000 件左右，运载能力提升 6 倍以上。这一航空货运航线的开通是丹东地区首次降落全货运专机，也是邮政航空飞机首次降落国内边境城市，标志着"南京—丹东—南京"货运包机直航业务拉开序幕。它将助力草莓、蓝莓、大米、海鲜、河口艳红桃等丹东市特色农产品通过南京向东南沿海地区输送，打通产品运输通道，提升时鲜产品运输效率和质量，给外地消费者带来舌尖上的享受。

　　受益于良好的自然环境资源，丹东的时鲜特色产品种类众多且销售期贯穿全年。如今，生鲜特产从丹东机场直接出港，拓宽了农副种植产品销售渠道，助力政府打造"原"字号地方特色农产品品牌，提升了产业核心竞争力，正面宣传了丹东原产地生鲜特色产品，遏制了非原产地的仿冒产品"以次充好"流入市场的现象。

　　目前，该航线已累计载运以草莓为主的各类邮件9万件，航线运行时效稳定，得到了草莓种植户、电商客户的充分认可，从田间到餐桌，一路领"鲜"——不仅给百姓带来美好体验，也给城市发展带来勃勃生机。

　　作为这一航线的见证人，我将带领公司持续发挥"寄递+销售+金融"的多板块优势，利用邮政全网协同资源为丹东经济发展贡献力量，让全国各地更多消费者吃上丹东特色农产品，加深了解丹东这座美丽的城市，提升丹东的城市形象，彰显邮政在快递行业"国家队"的国企担当！

　　（作者系丹东市政协委员，中国邮政集团有限公司丹东市分公司总经理）

"颜值"与实力并存的东北小城

高 军

1992 年，我来到本溪，当时辽宁经济发展迅速，重工业尤为发达，我对这片土地的未来充满期待。

本溪作为"钢铁之都"，矿产资源丰富，本溪产的铁具有低硫磷、杂质少、机械性能好等优点，被业内权威人士誉为"人参铁"，市场上供不应求，而且距离辽宁交通枢纽沈阳仅 60 公里，无论是生产成本还是运输成本都较低。

除了资源上的丰沃，更有情感上的包容。在本溪的外地人很多，政府部门非常重视外来企业家的发展，鼓励我们抱团取暖。就这样，在多方鼎力支持下，本溪市山东商会于 2012 年正式成立，目前已发展会员 200 余名，涵盖电气生产、房地产开发、建筑材料、人防工程、化工、药品卫生、酒店娱乐、农业养殖、影视传媒等 50 多个行业。在重大产业、重大项目上，本溪市政府相关部门提供全程"保姆式"服务，主动帮助企业家争取资金、争取政策，确保企业快速发展壮大、行稳致远助力城市发展。

本溪的好风景也让人怦然心动。这里自然风光优美，文旅资源丰富。全市有各类旅游景点 200 余处，比较出名的有世界文化遗产桓仁五女山城、亚洲最大天然充水溶洞本溪水洞、看枫叶最好的地

方关门山国家森林公园，整个城市森林覆盖率达 76.31%，是名副其实的"天然氧吧、生态绿洲"，很多外地来看我的朋友都说这是一座来了就不想走的城市。

不止于此，这座城市更有它热情、温暖的一面。对于企业家来说，时间就是效益。2020 年开始，本溪市司法部门主动与商会对接，为商会企业解决法律方面的难题，不断优化营商环境。近几年，市政府主动站在企业角度想问题、定政策，办事人员服务耐心、周到、细致，真正做到了让企业最多跑一次！

三十载走过，无数生命中的美好在这里发生，越来越多的年轻人在这里工作生活，大家都认为本溪是宜居宜业的发展乐土。在这个城市，只要你肯努力，发展的机遇非常多。让我们并肩奋斗，共同开创美好的未来！

（作者系本溪市政协委员，辽宁鲁信实业有限公司总经理）

"锦州那个地方出苹果"

刘永利

1956 年，在党的八届二中全会上，毛主席发表重要讲话，其中提到了锦州和锦州的苹果——"锦州那个地方出苹果，辽西战役的时候，正是秋天，老百姓家里有很多苹果，我们战士一个都不去拿。我看了那个消息很感动。在这个问题上，战士们自觉地认为：不吃是很高尚的，而吃了是很卑鄙的，因为这是人民的苹果。"

苹果故事的由来

关于锦州苹果故事，原东北野战军的吕村夫将军（时任东北野战军第三纵队七师宣传科长）在所著的《旋风部队》中这样写道："义县战斗结束后，三纵八师来到了锦州城北郊（现凌海市温滴楼镇康家村康家屯）的果园，正值秋收季节，红艳艳的苹果挂着晨露，在初升的太阳照耀下越发可爱，也诱得战士们直咽口水，但人民的军队有铁的纪律，群众的一草一木都不能动，苹果就更不能动了。在连长的命令下，各班将地上的苹果扫在一起，腾出地方坐下休息。"

周桓上将（时任东北野战军政治部副主任）在他的《辽沈战役的政治工作》中这样记述："当时，正是金秋时节，锦州地区的苹果树上果实累累，从树上掉下来的苹果伸手可得，尽管在此地构筑工事的战士们劳累饥渴，但是都自觉遵守'三大纪律、八项注意'，没有一个去拿苹果的，真正做到了'秋毫无犯'。"

苹果故事的启示

战士们对待老百姓的苹果的态度，也是我党我军一种作风的体现，那就是不拿群众一针一线的自我约束和经得起诱惑的革命自觉。在辽沈战役胜利多年之后，毛主席仍然能记得战士"不吃苹果"的故事，并用之教育全党要加强纪律性，保持艰苦奋斗的革命本色永不变。

"不吃一个苹果"的动人故事，既反映出战士们高度的政治觉悟，又体现了我党深厚的爱民之情。在辽沈战役纪念馆中，珍藏着这样两件文物，一件是"仁义之师"的锦旗，另一件是"秋毫无犯"的锦旗。这两面锦旗正是我们党光荣传统和优良作风的历史见证。

苹果故事的传承

毛主席在指挥全国各大战场横扫千军之际，见微知著地看到了在这小小苹果的背后，彰显出即将执政的中国共产党、即将诞生的新中国和全面胜利的人民军队必须发扬和坚守的一种精神。

2006年，毛主席重要讲话发表50周年之际，锦州市政协编辑出版了《锦州那个地方出苹果》一书，书中以苹果为主线，用纪实文学的手法记述了锦州苹果的发展轨迹，是迄今为止以系列苹果文化为题材的处女之作，对更好地弘扬"苹果"精神，加强"苹果"文化建设，进一步推动锦州苹果产业发展起到了积极作用。

2022年8月16日，习近平总书记在锦州考察时，再次提到锦州苹果的故事："毛主席说'不吃是很高尚的，而吃了是很卑鄙的，因为这是人民的苹果'。这样的苹果，我们现在也不能吃。"

苹果的故事对今天的党员干部廉洁自律、自觉践行党的群众路线，做到"情为民所系，利为民所谋，权为民所用"，依然有很好的现实教育意义。

苹果的故事作为锦州的红色名片，将在建设辽西中心城市的进程中，继续激励我们不忘初心、牢记使命，重整行装，再踏征程！

（作者系锦州市政协委员，凌海市政协主席）

191

"红丝带"的故事

苏秋菊

在防艾抗艾的路上，有一批默默付出的工作者，他们佩戴"红丝带"，辛勤工作，无私奉献，把爱心和温暖带给世界，照亮生命之路。近年来，鞍山艾滋病宣传教育、行为干预和监测检测覆盖面逐步扩大，成为辽宁省唯一的连续两轮被列为"全国艾滋病综合防治示范区"的城市。这样的成绩并非一蹴而就，而是由整个团队的一滴滴汗水铸就而成，是鞍山艾防人辛勤耕耘的成果。

厚德敬业，为更多人服务

清晰记得，一个叫小军（化名）的年轻人，很帅气的模样，得知自己艾滋检测结果是阳性，脸色顿时煞白，情绪立刻崩溃："接受不了，不想活了!"

凭我的经验，这时不能让他走，小军被搀扶坐下，我们递给他一杯水。

"来我们这里的很多人和你一样，感染了这种病毒，但是现在绝大多数都活得很好，有感染了十几年的人现在都活着，因为他们接受了国家免费抗病毒治疗，效果非常不错，只要按时接受随访，坚持治疗，多数感染者都可以活到正常寿命。"

听到这儿，小军情绪慢慢缓解下来，眼里泛着泪光。他逐渐被眼前亲切体贴充满爱心的"红丝带"打动了，羞愧地问，那能结婚生子吗？

"进行规范治疗，艾滋病感染者可以结婚生健康的孩子，母婴阻断技术非常成熟过关……"

听到这些，小军紧张、焦虑和恐惧的心情又缓解一些。三个小时过去了，这个叫小军的年轻人情绪平复之后离开医院。临走时他说："您放心，我不会去死，我一定要好好活。感谢您救了我一命!"

此时早已错过了单位的午餐时间，可是有什么能比生命更珍贵呢？

像小军这样的艾滋病毒感染者，这里还有很多。当被确诊为艾滋病的时候，有的当场崩溃，有的号啕大哭。而在此时，医生就是他们心中的灯塔，能够指引并照亮他们的生命之路，每个"小军"在这里都会得到尊重、温暖、信心和希望。

追求卓越，向更远处前行

近年来，通过积极的沟通协调，医院、学校、媒体、公安、司法、社区以及民间组织，都发展成为我们的密切合作伙伴。"红丝带"的支持者越来越多，遍布社会每个角落。

为了更好提升防治工作水平，扩大各项防治措施覆盖面，寻找突破口，我们开始尝试实施"请进来，走出去"的方式学习交流，先后到大连市、杭州市两个艾滋病防治工作较好的城市取经学习。

一路走来，我最大的感触就是：有些事做起来比看着容易，适时主动出击，做好分内之事的同时，触角要敏锐，眼光宜长远，这样才会有意想不到的收获。希望鞍山的"红丝带"在未来飘得更高更远，闪闪发光！

（作者系鞍山市政协委员，鞍山市卫生健康事业服务中心主任医师）

锦州"红姐"芦志红

李海舒

在锦州，有一位被人们尊称为"红姐"的铁女子。她用一颗炽热的心，收养少数民族遗孤，救助少数民族同胞。她就是锦州市政协委员、锦州疆鸿商贸有限公司董事长芦志红。

1986年，芦志红高中毕业后选择自主创业。在经商过程中，与来自新疆和田的维吾尔族青年买买提明相识相爱，组成了维汉联姻的幸福家庭。此后，她资助了400多名来自维吾尔族、回族、哈萨克族、俄罗斯族、达斡尔族的在锦求学就业的少数民族青年，把自己的家变成了校外的"民族之家"。孩子们毕业了，或回到新疆，或在本地发展，成为自食其力的劳动者。

每年，芦志红都会组织"锦州民族团结大篷车队"回新疆，将锦州爱心人士的关怀和温暖送到千里之外。2019年，她得知锦州市妇联开展"恒爱行动"对新疆塔城地区的孩子对口援助，便积极和市妇联沟通，亲手为新疆孩子编织毛衣50多件、鞋200余双。

2009年，芦志红遭遇人生双重打击，她的爱人买买提明身患不治之症撒手人寰；仅仅三个月，她又查出肺癌晚期。这让她一度失去了生活的信心。可一想到孩子们祈盼的眼神，她又告诫自己要坚强起来：芦志红啊芦志红，你可千万不能当孬种，你还没完成任务

呢！与时间赛跑，将死神置之度外。她打起精神，和往常一样去新疆收葡萄干、大枣，把生意打理得井井有条，也继续倾情帮助新疆来锦务工人员。

一位她曾经帮助过的务工人说："红姐人好，心地善良，我们都是投奔她来的。"这么多年，她为我们操的心、流的汗、做的事，真是三天三夜也说不完啊！信仰与坚守激发了强大正能量。如今，芦志红的身体安然无恙，创造了生命的奇迹。

"各民族要相互了解、相互尊重、相互包容、相互欣赏、相互学习、相互帮助，像石榴籽那样紧紧抱在一起。"习近平总书记的亲切话语，深深地激励着芦志红。她花费5年心血、筹资300多万元建成的"石榴家园"终于落成，成为汉族与少数民族交流融合的团结教育"家园"，为少数民族务工者提供了发展就业平台。

在她的带动下，当地的两户贫困户家庭和4名维吾尔族青年在这里得到了安置。她也因慷慨义举先后获得"锦州市十佳母亲"

"锦州好人""辽宁省民族团结进步模范个人""全国民族团结进步模范个人"等荣誉称号。广为流传的红姐故事，还在继续书写，继续传扬。

（作者系锦州市政协委员，锦州市妇联副主席）

新时代的丹东电网人

韦中华

电力供应在抗美援朝战争中发挥了重要作用。当时，输电线路"新六线"从朝鲜新义州多狮岛变电所向中国安东（现丹东）六道沟变电所送电，线路横穿鸭绿江大桥（现中朝友谊桥）。这是安东市区唯一一条电力输入通道，也是辽东省委机关、志愿军总部、指挥部、后勤部、仓库、医院、兵工厂、飞机场、炮兵阵地的唯一电源保障。

临危受命，7 个昼夜抢修"新六线"

1950 年 11 月 8 日上午 9 时，美军 100 多架飞机在鸭绿江两岸狂轰滥炸。鸭绿江大桥被炸坏，"新六线"也被炸断，安东市瞬间失去了电力供应。以苏发成、尹勤华、贺更新、高维才为代表的安东电业局 60 余名电力抢修队员临危受命，背着 100 多斤重的物资，爬上距离江面 59 米高的大桥最顶端、电线杆的固定处，在敌机轰炸扫射下连续工作 10 多个小时，完成了桥上线路抢修任务。之后，他们立即赶赴朝鲜新义州，冒着生命危险参与其他供电线路抢修。就这样，经历了 6 次"炸了修、修了炸"，抢修队员们同美军飞机展开了 7 个昼夜的拉锯战，保障了安东战略大后方充足的电力供应。

创造奇迹，7 个昼夜架设"义东线"

为了分散敌人的攻击目标，解决铁路大动脉和电力生命线都集中在江桥上的问题，1950 年 11 月 15 日，辽东省委、安东市委和东北电业管理局果断决定，新架设由朝鲜义州城变电所横跨鸭绿江通往中国安东东坎子变电所的"义东线"。在签下保证 7 天完成任务的军令状之后，"义东线"抢架大军立即行动，克服了冬季施工难度大、施工线路长（18 公里）、敌机临空骚扰、人力物力短缺、地理环境复杂等诸多困难挑战，每天作业 18 小时以上。沈阳、长春、鞍山、抚顺、营口等地的电力工人也在最危急的时刻驰援安东。11 月22 日，"义东线"架设完毕并正式送电，施工完成时间提前 20 小

时，送电时间提前 1 小时 10 分钟，创造了东北电力建设史上的奇迹。

永续传承，"义东精神"持续激励电网人

70 多年来，老一辈安东电力人的英勇事迹和"不怕牺牲、攻坚克难、忠于职守、甘于奉献"的"义东精神"一直激励着丹东国家电网人。在革命战争年代涌现出的"铁塔雄鹰"苏发成、"党的好女儿"周琴，是电力生命线的捍卫者；在新时代，"全国劳动模范"曹祖刚、"电网工匠"陈润晶等先锋英模担当有为，是现代化电网的建设者。

2021 年，国网丹东供电公司组建"义东"党员突击队、"周琴"党员示范岗、多支"义东"党员突击队鏖战凤城赛马镇水毁杆塔现

场，24 小时内恢复居民用电；44 名"义东"突击队员火速驰援河南郑州、安阳等受洪灾地区；全力开展抵边村寨配网工程百日攻坚行动，比国家要求时间提前 61 天高质量完成了工程建设……元宝分公司营业二班获"全国青年文明号"荣誉称号，凤城分公司业扩报装服务中心获"辽宁省青年文明号"荣誉称号。

　　新时代的丹东电网人，将继承老一辈电力人铸就的"义东精神"，以拼搏进取、实干担当谱写丹东全面振兴、全方位振兴的新篇章！

　　(作者系丹东市政协委员，国网丹东供电公司党委书记)

老帽山的百姓富起来了

林忠凤

　　主峰海拔 848 米的老帽山是普兰店境内最高峰。它集自然之神奇与灵秀于一体，以其独特的风姿、奇幻的色彩、俊秀的气韵、丰饶的自然资源，被誉为"辽南第一峰"。电视连续剧《欢乐农家》就是在这里拍摄。透过荧屏，这里秀美的风光给观众留下了深刻的印象，也带去了美好的憧憬——慕名而来的游客络绎不绝，当地的变化也越来越大。

今天，我就以自己的视角和体会，来说说我与老帽山的故事……

改革开放初期，我通过创业走上了致富路。但是，我并没有多少满足感：光自己富不算富，带领大家共同富才算富。

2005 年，经过调查研究，我决定在普兰店最北部贫困山区的同益乡建立扶贫基地。"如果把同益乡境内的老帽山开发成旅游景点，很快就能带动周边的村民富起来，可愁的是缺少资金支持啊！"当地政府领导心急如焚地介绍说。为了从根本上激活一方经济发展，让当地农民尽快实现脱贫致富，经过反复论证，我做出了投资开发建设老帽山景区的决定。

开发老帽山的合同签订之后，我克服重重困难，多方筹措资金，对老帽山进行了全方位的建设开发。先后完成修复普明寺、完善食宿接待功能、健全游览观光设施、景观植树造林、广告宣传、引水等十多项建设工程……通过不懈努力，老帽山的旅游服务功能初具。

2019 年，惊险新奇的"玻璃悬索桥"落户老帽山，从而带动景区发生了翻天覆地的变化，游客量迅猛增加，节假日每天可达到 2 万多人次，成了辽南著名的旅游胜地。

从 2020 年开始，老帽山停车场、6 公里观光道路、1500 米游步道、1000 米生态景观河治理、高低压电网升级改造等工程又陆续开工建设。

迄今为止，老帽山开发建设已累计投入资金 2.78 亿元。游客多了，带来的用工机会也多了。土建工程最多时能安排 300 多名劳动力就业，周边的农家饭店"火"了，吃农家饭、品农家菜、摘农家果为游客带来农家风情的体验感受；窜山鸡、笨鸡蛋、休闲猪、放心肉成为抢手的特色农副产品；榛子、核桃、蘑菇、野菜走出深山，成为馈赠亲友的山货珍品……

　　步履不停，奋斗不止。接下来，我将以民宿康养项目为重点，带动当地百姓充分发挥农家院的优势，把宜人的田园风光、宜居的美丽山村，打造成现代都市人最向往的休闲康养圣地，让老帽山下的老百姓在共同富裕的大道上阔步向前，越走路越宽，越走心越甜！

（作者系大连市普兰店区政协委员，大连鑫凤集团总经理）

营救小巨人企业"一路绿灯"

高 峰

2008 年夏天,我结束了海外的学业,在北京奥运会圣火点燃的当天登上了回国的班机。当飞机腾空离开伦敦希思罗机场地面的那一刻,我的心已迫不及待飞向了魂牵梦绕的祖国。

回到家乡后,在父母的鼎力支持下,我与几名投资人在铁岭市经济技术开发区创建了辽宁新华阳伟业装备制造有限公司,主要从事金属压力容器制造和金属复合材料生产加工业务。在铁岭市委、市政府的大力支持下,公司现已具备年生产各种金属复合材料 3 万吨、各类压力容器 2 万吨的加工能力,产品生产加工技术均处于国内同行业领先水平,行业地位优势明显。企业 2019 年被辽宁省认定为"瞪羚企业"、省级"绿色工厂",2021 年被认定为国家级"专精特新"小巨人企业……

乘着政府大力优化营商环境、培育壮大市场主体的政策东风,公司以昂扬的姿态阔步向前。2021 年,公司与国际知名水利工程公司加拿大 CMI 公司签订了为期 4 年的加拿大重点水利大坝工程长期供货协议,首批订单已经发货完成,标志着公司已成功迈进欧美高端市场。在国内,我们也取得了中石化集团金属复合材料集中采购供应商资格认证,成为国内 5 家金属复合材料核心供应商之一。公司发展前景可谓一片光明。

　　正当我们凯歌高奏、生产经营形势一片大好之时，突然袭来的新冠疫情让人猝不及防。在这个特殊时期，企业的流动性受限，公司现金流出现了严重问题——资金链断裂，我们急需购进的原材料就无法及时到位，正常生产就要中断，订单任务就不能按时完成，企业就将面临履行合同不及时、失信爽约、声誉受损，进而进入恶性循环的毁灭性打击。

　　就在我们一筹莫展的紧急关头，铁岭市政协助企纾困调研组来公司调研，得知情况后，迅速与中国农业银行铁岭市分行进行沟通协调。市农行行长胡斌斌对此高度重视，立即做出"迅速开通绿色通道，特事特办、急事急办"的工作指示，并亲自靠前指挥，全程跟踪指导。工作部署要求迅速传达落实，银行前后台全力高效配合，贷款流程"一路绿灯"快速推进。然而在审批过程中又出现了新问题，我当时住在沈阳家中，根据沈阳市疫情防控要求，我只能居家办公，无法赴农行铁岭支行现场办理相关手续。针对这一疫情时期的特殊情况，银行又打破常规启动了小企业简式贷款线上申贷模式

（O2O 模式），准许我通过网上银行进行线上申贷。经过线上线下齐发力，300 万元贷款最终在 5 天内顺利到账，断裂的资金链被激活了，企业又重现了生机和活力。

如今，公司的设备在高速运转，员工们脸上都绽放着笑容，送货卡车也在奋力奔向远方。作为公司的总经理、故事的讲述者，此时此刻我深有感触：是市政协的履职担当、政府和金融机构贴心便捷的"保姆式"服务让企业克服了疫情影响，走出了发展困境。我们的故事只是辽宁优化营商环境、倾心倾力服务企业发展的一个小小案例，却让我们从中看到了在辽企业蓬勃发展的光明前景，看到了辽宁振兴发展的美好明天。

（作者系铁岭市政协委员，辽宁新华阳伟业装备制造有限公司总经理）

智慧税务平台为纳税人和税务机关"双向减负"

栾春新

新冠疫情防控期间，丹东市税务局全面落实"涉税事、线上办，非必须、不窗口"原则，实行"网上办、掌上办"等"非接触式"办税模式，充分发挥电子税务局、"云税通"智慧服务系统的作用，向纳税人发布3万余条"非接触"办税提醒，为纳税人缴费人提供足不出户的"面对面"办税服务。对于必须到窗口现场办理的业务，他们还推出便民事项预约办、绿色通道快速办等便民举措，最大限

度减少人员聚集、降低疫情传播风险。

为了能够给"一键报税"提供更多支撑，市税务局将原有集约化服务中心升级为智慧办问服务中心，以"云税通"手机 App、web 端为载体，为纳税人"一键办税"提供"7×24 小时"的全天候人工+智能服务。据中心负责人介绍，疫情以来，通过线上办理的业务比过去增加了很多。一个工作日下来，座席的电话铃声几乎没间断过。每天早上 8 时 30 分，市税务局 5G 智慧办问服务中心的 11 个远程座席就开始了一天忙碌的工作。"您好，这里是丹东市税务局智慧办问服务中心，请问有什么可以帮您?"电话不时响起，座席人员一边与纳税人沟通，一边进行熟练的电脑操作。

目前，该中心承担了全市 90%以上的政策咨询服务，日均远程业务量超过 400 笔，疑难问题即时答复率达到 98.6%，成为服务纳税人"能办、好用、愿来"的"云端服务超市"。

一系列务实便民举措的背后是市税务局努力打造"事项更简、办税更易、服务更优"税收营商环境的孜孜不倦和创新求索。比如，

他们依托5G、大数据、人工智能、云计算等现代信息技术，成功打造了5G"云税通"智慧服务系统，在全国首创"一键接入、即时办结、智能推送、个性服务"政务服务新模式，打破了传统线下和网络服务按事项、按类别、按部门的服务模式，通过远程报税、远程审批、远程会诊、远程咨询等形式，确保纳税人缴费人在任何地方、任何时间都可使用手机或PC端"无接触"办理绝大部分税费业务，复杂问题还能得到税务局专家队伍线上即时"会诊"。目前，该系统辐射了全市各县（市）区45个基层办税服务厅和办税点，完善了76项高频业务服务模型，5分钟即可办理完成增量房契税业务，半小时可以完成新办企业"套餐式"服务，审批类事项办理时间压缩了72%。注册用户覆盖了全市90%以上的中小微企业，每年可为全市2.8万户中小微企业节省大量办税时间与费用，在提升纳税人满意度和获得感的同时，也令税务机关减少了大量窗口人员——实现了纳税人和税务机关的"双向减负"。

此外，市税务局还新设立了个性化服务中心，有效发挥大数据在分类、筛选、应用方面的优势，通过短信、微信、云税通、电子税务局等多种渠道，变"大水漫灌"为"精准滴灌"，让减税降费红利直达符合条件的企业；创优"一企一策"，分行业推出税费专题指南；强化"税银互动"，通过智能提取企业申报数据，对流动资金需求展开精准分析，及时协调相关金融部门，优先对纳税信用等级高或受疫情影响大的纳税人办理发放贷款，有效缓解了中小微企业融资难问题。

（作者系丹东市政协委员，丹东市政协副主席）

为了那500多万亩野生油松林

周慧改

《诗经》中有句话:"凤凰鸣矣,于彼高冈。梧桐生矣,于彼朝阳。"凤凰非梧桐不栖,在我的心里,永远念念不忘的是朝阳500多万亩的野生油松林。

45 岁那年,我从央企辞职,离开家乡来到朝阳创业,只为心中那抹难忘的松油绿——植树种绿是朝阳市多年来一直接力延续的好传统。每年春天,朝阳市直机关都要组织开展义务植树活动,市领

导与市直机关广大干部职工挥锹铲土、培土围堰、提水灌溉，用实际行动倡导爱绿植绿护绿的文明风尚。

新中国成立初期，朝阳地区林地生态环境恶化，植被覆盖率低，风沙大，水土流失严重，给当地经济发展和群众生产生活带来较大影响。为了尽快改变这种状况，承担起打造辽宁西部生态安全屏障的政治责任，朝阳市政府下大力气开展植树造林，根据当地土壤、气候等自然条件，种植易于生长的油松。经过多年持续奋战，仅在建平和凌源两县就发动了数万人投入造林会战，绿化山头30多个，完成油松造林2万余公顷。在全面实施国家"三北"防护林建设工程后，植树造林步伐又进一步加快，油松栽培面积逐年增加。

给大家看一组近年的统计数据：

朝阳县39537.9公顷；北票市35475.9公顷；建平县90444.4公顷；凌源市55286.4公顷；喀左县35923公顷；龙城区3097.8公顷；双塔区1424.6公顷。其中，10000亩以上的油松人工林区有10余处。

要知道，在当时十年九旱、"黄沙遮天日，飞鸟无栖树"的朝阳山区种树，其艰苦程度超乎我们的想象。

经过一代又一代人一锹一镐、一坑一苗的不懈努力，从一棵树到一片"海"，"一棵松"到"百万亩"，朝阳创造了建平牛河梁地区拥有中国第一、亚洲最大人工油松林这样伟大的奇迹。

前人栽树，后人乘凉，如果说上一代人种下了这么一大片林子属于第一次创业的话，那我就是新时代的二次创业者。我们依托当地特色优势资源，因地制宜，开辟了特色农产品深加工、产业化运作的道路。

我们采用"公司+合作社+基地+农户"的产业运营模式，让农户参与进来，建立稳固利益联结机制，极大调动了农民积极性，不仅产品品质有了保证，也更好地落实了国家关于实施乡村振兴战略、让农民更多分享产业增值收益的共同富裕政策。

2010 年至 2021 年这十多年间，朝阳松花粉采集量达到 510 吨，按 40 万元/吨计算，给农户带来的直接经济收入就是 2.04 亿元；采松塔 37000 吨，按 3000 元/吨计算，给农户带来的收益就是 1.1 亿元。仅松花粉和松塔两项的收益，就有 3.1 亿元。

我感谢生我养我的故乡河北承德，更热爱辽宁朝阳这片实现我人生价值的热土。习近平总书记提出"两山"理论，辽宁正以践行者的姿态大踏步向前。春风为哨，时不我待，一代代朝阳人接续奋斗，为我们创造了眼前这片孕育着生机与希望的绿水青山，我要努力把它变成真正带动当地农民共同富裕的金山银山，为朝阳和辽宁的振兴发展贡献自己的一份力量。

（作者系朝阳市政协委员，朝阳松海生物科技有限公司总经理）

"榴莲青年" 让他们留在大连

付晓辉

"我做这一切的初衷只为给更多年轻人一个爱上大连的理由，可以以城市名义安放他们青春的心。"大连市政协委员、奥世语言文化培训学校校长李朝占如是说。

当一座城市的每个角落在同一时间流淌共同的旋律，当一场瑰丽的服装秀只为装饰城市后浪的梦想，当思想碰撞的火花描摹出可预见的城市未来，你会爱上这里吗？这些触人心弦的活动，都离不开李朝占的精心策划。

还记得去年那场"乐动大连"的音乐快闪吗？当《我和我的祖国》的音符从音乐爱好者、热心市民等5000余人的指尖，穿越不同的乐器倾泻而出时，这座浪漫之城的艺术热情瞬间被点燃，无数大连人为这般美好的人文生活方式沸腾。这场活动是李朝占创办的"榴莲青年"的首次亮相，也是他众多创意中的一个。"青年人有希望，城市才有未来。青年人那颗希望的种子必须在城市肥沃的'土壤'中才能茁壮，我想成为为'土壤'施肥的人。"李朝占的初心很简单，取了"留连"谐音的"榴莲青年"，旨在通过搭建思想碰撞、激发创造的舞台，给青年人更多审视城市的视角、更多爱上大连的理由。

此后，"榴莲青年"又为大连5校6院高校服装专业应届毕业生策划了一场"城市后浪——大连高校服装专业优秀毕业作品公益联展"，当学生模特穿着自己设计的服装走过延伸水面上数米长的"奢华"T台时，他们不仅将停留在纸面上的毕业设计变成了现实，更是将青春的梦想放飞在这座城市——未来，无论走出多远，他们终将记住自己的启航地。

一直关注文化、城市与青年的李朝占在2015年就创办了城市文化论坛"牛朋大会"。"那时候身边有一些对城市发展、社会未来有见解的人，我想要挖掘、呈现这些知识极客和民间智库，把他们的想法告诉更多的人，用他们的认知盈余产生经济和社会价值。"时隔多年，说起创办"牛朋大会"的初衷，李朝占仍是滔滔不绝。随着一场场以"人人都是知本家""未来相关者""阅读城市"为主题的演讲在更广泛的人群中传播，"牛朋"聚集了越来越多的年轻人，为他们打开了人生的超链接。

2019年，李朝占去外地工作，"牛朋大会"暂时告一段落，但他那颗为文化、为城市、为青春驿动的心不曾停歇。当他再次回到这座城市，"榴莲青年"便成了"牛朋大会"青春版的延续。除了艺术，"榴莲青年"关注的另一个主题是科学。在李朝占看来，科学和艺术是不可分割的，他们共同的基础都是人类的创造力。今年，"榴莲青年"将围绕科学这一主题，打造"吾辈当自强"论坛，从有温度的视角去遇见科学家、科学工作者，用他们的工作和生活经历来引发年轻人的思考，激发年轻人对生活的热爱。

李朝占相信，一座城市是否有吸引力甚至令人向往，除了经济因素之外，令人迷思的文化底蕴是非常重要的指标。文化打底的城市更青春，也必然吸引更多的年轻人。

"牛朋大会""榴莲青年"的创办者只是李朝占众多"身份"中的一部分。撑起这些创意、策划这些活动，与他奥世语言文化培训

学校校长的身份有很大关系。

　　李朝占是大连最早一批办雅思培训学校的老师。后来，他又开办了语言学校，教授来连工作的外国人汉语。正是这样的经历，让他看到了更加多元的文化与个体。他努力地为学生、为青年营造活跃的、本土化的、海纳百川的艺术学习环境：经常邀请国外知名艺术院校的知名教授来连授课，让更多的人能够共享优质的国际教育资源。他希望让艺术融入更多年轻人的生活，让他们学会用艺术的眼光看待事物，面对世界有更多维度的思考和理解……

　　经济振兴，文化先行；文化振兴，艺术先行。在李朝占看来，文化是激活城市更基本、更深沉、更持久的力量。以艺术为路径实现的文化兴盛，不仅能源源不断为城市提供精神动力和智力支撑，也将不断丰满城市中人的精神世界。"希望大连能成为这样一座文化兴盛的城市，以自己独特的精神与气质，留住更多年轻的心。"李朝占一直并将继续擎着这样的信念奔跑。

　　（作者系大连市政协委员，大连市政协科教卫委员会主任）

中国智能化配电领域的领航者

唐 亮

2014 年，丹东华通测控有限公司董事长刘海波参与了中国电工仪器仪表标准化技术委员会（TC104）起草的第一项国际标准，这是该领域第一次由中国人主导国际标准的起草。

作为中国智能化配电领域的领航者，华通已完成了 100 多种智能化测控产品及工控软件平台的研发和量产工作，其产品在 22 年间，不仅广泛应用于航空航天、核能核电、石油化工、轨道交通等

诸多领域，在全球 20 多个国家、30 多个行业实现了有效运行。2011 年，华通品牌被授予"中国驰名商标"，这在工业自动化和互联网领域实属不易。

早在华通成立之前，刘海波团队就先后参与了河北广安千伏变电站、滨河千伏变电站和湖北荆门 66 千伏变电站的改造工程项目。要知道，我国在 2009 年至 2010 年间才开始启动智能电网的试点和编制工作。敏锐的嗅觉和前瞻性的眼光，让刘海波和之后成立的华通测控很早就抢占了行业内的一席之地。

这一时期，刘海波还与华通团队做了一件令业内刮目相看的事情。当时，一家美国公司提供的先进技术在中国电网中的应用出现了问题，参数范围不适合国内电网运行参数要求。起初美国公司并不承认，刘海波据理力争、丝毫不让，美国公司不得不派出专家来华实地检测和论证，最终不仅认同了刘海波团队的技术观点，还公开道歉，免费送来原本不向中国用户公开的所有技术参数和资料。

研发出中国最早的智能电力监控仪表

2000 年，丹东华通测控有限公司正式成立。仅一年的时间，第

一款产品——智能电力监控仪表研制成功。传统电力仪表都是机械式的，人看人读，每台仪表只能测出一两种电参数，而这款智

能仪表可以测出高达上百种参数，既能进行故障的前期诊断和预警，也能辅助分析故障原因，并可提供远程"分闸/合闸"控制。

当时高压电网的数字化刚刚开始，低压电网的数字化还无人涉猎。这款智能电力监控仪表在低压电网领域开创了先河。那一年，全国电力电工展览会在北京举行，华通的这款产品引发行业的广泛关注。

首创大型智能化配电监控系统的"3+2"式网络架构

2004 年，青岛流亭国际机场开始三期改扩建工程，华通承接了流亭机场国内航站楼整套配电监控工程。2006 年，流亭机场再次进行国际航站楼的扩建改造。两个航站楼组成一整套监控系统，当时在国内几乎没有技术先例可循。华通不仅提出了解决方案——将 2 万多个监控节点架构成 2 级网络 3 层设备，最终在一个监控系统上实现统一的互联网连接，还做到了实时高效，成为当时行业内的样板工程。这也为华通后来工业物联网技术突破、云平台监控、工业大数据相关技术的发展奠定了技术基础。

很多人并不知道，世界海拔最高的四川稻城亚丁机场，以及海拔高度在国内名列前茅的几个机场，如西藏昌都邦达机场、九寨黄龙机场、康定机场等均使用了由华通提供的电力监控仪表和智能化电力监控系统。

提供智慧油田生产管控一体化解决方案

如果想了解中国智能制造如何落地，可以去中石化旗下最大的石油生产企业——山东胜利油田看看。那里智慧油田建设系统化解决方案的提供者以及工业物联网软硬件全线产品的供应商，正是华通。

219

从 2012 年进入中石化数字化油田的建设工作开始，华通先后参与了 4 项行业标准的制定，完成了 124 个管理区、3 万多口油水井的远程管控，数字化建设覆盖率超过 95%。十年过去了，"智慧大脑"不仅改变了油田的生产运营模式，还实现了单井生产精细化管理。"十三五"期间，在保证原油持续稳产的前提下，中石化单桶油的成本价格较以往下降了 35%，同时采油厂人均管理油井数量也从 0.57 口提升到了 0.88 口，生产效率提升了 35.2%。

2020 年，华为工业互联网创新中心落户丹东。进入工业互联新时代，推动互联网与制造业深度融合，丹东迈出了新步伐。推进"数字丹东、智造强市"建设，华通也开始了新的探索，通过与华为的合作，将油田人工智能应用投放到华为建设的基础性人工智能开发平台，全部架构完成后，众多企业可在华为同一平台使用同样架构和协议，产生集群效应。

创无止境，在华通看来，只有不断顺应时代发展、不断拥抱技术革新，才会实现中国制造真正的崛起，而这，正是华通矢志不渝的理想。

（作者系丹东市政协委员，丹东市政协副主席）

愿做阜新玛瑙雕刻的引领者

于 杰

　　我叫于杰，来自世界玛瑙之都——辽宁阜新，是一名从业 22 年的玛瑙雕刻师。我出生在阜蒙县苍土乡西苍土村，从小家境贫寒，在希望工程资助下勉强完成了九年义务教育，没能继续读高中就辍学在家。父母身体状况不好，干不了重活儿，养家的重担就落在了我的肩上……

　　面对家徒四壁的情况，我心想：只有学到真本领，才能改变眼

前这一切。于是我确立了人生的第一个目标——学到一门能够养家糊口的技术。学什么呢？当时热门的技工专业，学费动辄数千元，让人望而却步。一个偶然机会，我听到城里有位师父免费招玛瑙雕刻学徒，供吃供住。我想去试试，向父亲表明了自己的打算。父亲一晚上没有说话，第二天一早，帮我收拾东西，送我到城里雕刻厂，把借来的200元钱塞到我手里，说："儿子，爸支持你！好好学！"站在雕刻厂门口，我望着父亲转身离去的背影，掉下眼泪……

擦干眼泪，我认了师父，在雕刻厂开始了学徒生活。当时厂里条件很差，冬天住凉炕，墙上挂满霜，每顿饭都是泡热水将就着吃。但这些苦吓不倒我，机会来之不易，我要格外珍惜、加倍努力。

起初，学徒都是做"切坯"和"大型"——玛瑙雕刻最基本的工序。我每天抱着冰凉的石头，在机器上切割，心里憋着一股劲：一定要把这些"石头"研究明白。经过勤学苦练，我基本功很快"达标"，开始学做"细活儿"——这让我渐渐着了迷。那时，师兄弟们晚上经常去网吧通宵打游戏，而我却待在厂里，通宵达旦地研究玛瑙和绘画。玛瑙雕刻要用凉水，尤其冬天特别难熬，我的手满是冻伤和裂口，可我没有休息过一天。一年以后，我的手艺超过了所有师兄弟——他们做不了的，我来做。我敢于挑战，专挑难度大的作品来做，做得又快又好。别人做一件作品需要十几二十天，我只需要三四天，而且质量还过硬。

这样的学徒生活持续了四年。刚开始做学徒时，师父说，学玛瑙雕刻，最重要的是设计。我就盼着师父早一天教我学习画图设计。

做学徒的最后一年，机会来了。师父在外地开新店，需要经常外出，就把厂里的事情交给我管理。这样我就要为师兄弟们的作品设计画图了。刚开始设计，总想做出和师父不一样的作品，但总是失败。师父说："要先学后改！"这点醒了我，于是我就先复制师父的作品，一遍遍学，一遍遍画，画得不好就用机器磨掉，重新再画……这样白天干活儿赶工，晚上画图到凌晨，早上7点起床再接着干。这种工作状态又持续了一年，我终于独立设计制作完成了自己的第一件作品。

2004年春天，我有了新的梦想——开一家自己的玛瑙雕刻厂。

学徒这些年，我攒了一些积蓄，又从亲朋好友那里借了一些钱，在我家农村的房子接盖了一间简陋的厢房。这里成为我的第一个玛瑙加工厂。几台机器、几块原料，就是我的全部家当……开始"创业"时，我一方面非常担忧，特别害怕失败；另一方面，又有一种莫名的信心和兴奋感——我相信自己能够成功。

第一个月，我完成了4件作品，拿到玛瑙城去卖，只有我师父买走了2件，我没灰心；第二个月，又做了4件作品，又只卖了2件，而且价格很低……我心情很失落，但没有放弃。突然有一天，有一位老板看到我的作品，对我说："小伙子，你的作品不错。你给我加工玛瑙吧，我先给你加工费!"有了这笔定金，我的玛瑙作坊就能够经营下去了。我丝毫不敢怠慢，用心加工每一件玛瑙作品，如期交工，保质保量，客户非常满意。因为重品质、守信用，老客户会帮我介绍一个个新客户。慢慢地，我购置了一台又一台机器，也招收了自己的学徒，我的玛瑙作坊站稳了脚跟，当初的梦想像滚雪球一样起步了。

2006年，我在玛瑙城租了一个店面，开始经营自己的玛瑙产品。过了一年，店面要出售，我拿出当时自己的全部家当，又东拼西凑借了好多钱，把店面买了下来。我又变得"身无分文"了，但那时候，我的梦想之火却热烈地燃烧起来。我白天在市里看店卖玛瑙，晚上就住在工厂，有时候夜里被冻醒，只好自己烧些柴火来取暖……

2012年，我的玛瑙作品在当地已经"小有名气"。那一年，我参加了阜新市总工会举办的首届"市长杯"玉雕大赛，获得全市第二名！第二年的"市长杯"，我再次参赛，力压群雄，荣获冠军！这些经历和成绩，让我进入了媒体的视野，当地的电视台、报社接连采访我，报道我成长的故事。这些年，我带着自己的作品到全国各地参加评奖，在业内最顶尖的百花奖、天工奖、玉星奖、玉华奖、红玛瑙杯等奖项中，斩获了金、银、铜奖共计500余项。一项项荣誉也落在我身上：全国五一劳动奖章，中国一级玛瑙雕刻技师、玉雕大工匠、青年玉雕艺术家、辽宁省特级玉雕大师、工艺美术大师、首批阜新工匠……每当我抚摸着这些金色奖章和奖杯时，我总会想起自己奋斗的历程，泪水忍不住在眼眶里打转……

成功不会一劳永逸，市场的变化让人猝不及防。前些年，阜新玛瑙市场开始走向低迷。当时很多玛瑙店慌乱找出路，而我却认为眼前这个"危机"可能是个"机遇"，也许真正的"工匠时代"到来了！只有先进的技术和工艺水平才是未来的核心竞争力，我不要

只是跟在别人身后，而是要做阜新玛瑙雕刻的引领者，创造艺术珍品，弘扬玉雕文化！

为了填补自己在某些方面的能力空白，我怀着"归零"心态，从阅读名著开始，了解历史、了解人物、了解艺术，再用刻刀把文化精髓刻画出来，让玛瑙作品里不仅有风景和人物，还能延伸到历史和典故。没读过美术学院，我就申请到鲁美雕塑系去学习；没有接受过专业雕刻培训，我就去扬州玉器厂重新做学徒；我到处拜师求教，拿着作品让国内的顶尖大师、评委点评……为了学习，我甘于寂寞，大半年时间里，一件产品也没卖。有人花费重金请我到外地发展，被我婉拒。家乡培养了我，我要为阜新的玛瑙产业发展做出自己的贡献。

此后，我厚积薄发，转向专出精品。学习，能够不断为我提供创作的灵感源泉。我和徒弟们做出了不同于平常风格的玛瑙精品，一经推向市场，供不应求，竟然掀起了阜新玛瑙市场的革命！在大部分工厂降工资、减员、倒闭的情况下，我的工厂不仅顽强地生存了下来，而且生意越来越红火。

凡是过往，皆为序章。未来，我依然梦想着传承工匠精神和匠人情怀，把玉雕事业做强做精，让一件件玛瑙艺术珍品成为家乡的亮丽名片，走出国门，惊叹世界！

（作者系阜新市政协委员，阜新市东生天韵玛瑙有限公司雕刻正高级工艺美术师）

新时代劳动者的风采

胡春华

在平时的工作和生活中，他是幽默风趣、和蔼可亲的老大哥，与人为善、坦诚相待，和同事们建立了深厚的友谊。可面对原则性问题，他却是绝对的铁面无私，一点儿都不含糊。

在辽宁振兴生态造纸有限公司，提起造纸车间主任王继权，上上下下都会竖起大拇指，给出一个大大的赞，而最让大伙儿信服的，就是他身上的这种"两面性"。

"谁都喜欢和谐愉快的工作氛围，但在问题面前，必须坚持原则，否则就是危害公司，对大家不负责……"产品质量是企业生存之本，王继权加强员工对质量重要性的认识，要求大家做好自检自查工作，同一问题不要重复出现。针对造纸车间人员多、流动性大的特点，他建立规范的班前、班后会制度，重点强调员工对公司各项规章制度的有效执行。对于造纸企业来说，安全是重中之重，他坚决执行新入职员工的三级安全教育，定期开展全员安全培训，加强员工安全意识和自我保护意识。利用班前、班后会，为员工纠正不安全行为，提出发现的安全隐患并找出解决办法，发现一处，整改一处，不找任何借口拖延，事不过夜。

造纸车间工艺复杂，工作环节环环相扣，为了稳定生产、提质

降耗，王继权仔细研究，当好"管家"，多方降低成本。比如，他将施胶机泵由螺杆泵改为凸轮转子泵，实现了高效节能、降低故障，为公司节约了生产成本。他对车间库房统一进行规划，扩大规模，备品备件重新整理上账，严格控制支领数量，继续对废旧工具进行拆解拼装重新利用，这些细算下来，节约的是不小的一笔钱。

始终在一线生产奋战的王继权，在此次疫情中，始终走在前、做表率，为员工生命安全和身体健康保驾护航。他成立部门领导小组，严格控制厂外人员进入生产区内，认真执行一天三次消毒、通风措施，对公司内部员工每天进行上下班温度检测，制定一系列防控制度，对体温异常者进行隔离观察；要求所有职工对门把手等人员密切接触的地方用酒精进行喷洒擦拭，督促各个防疫小组把疫情防控作为当前最重要的工作来抓，推动疫情防控规范化、标准化开展。建立从上至下、分工明确、规范有序、衔接配合、运转高效的防控体系，确保疫情防控工作不散、防控链条不断、工作不留死角，最大程度减少疫情传播途径，为打赢疫情防控阻击战构筑起严密的安全防线。

自参加工作以来，王继权恪尽职守、勤奋敬业，以出色的专业能力、无私奉献的工作热情、严于律己的工作态度和平易近人的亲和管理能力，赢得了公司领导、同事和员工的一致好评。在历年的年度考评中，王继权都名列前茅。他始终并一直致力于车间的设备项目管理、技术革新、技术改造、车间管理工作，为纸业公司的发展壮大发挥了骨干带头作用！

他曾带领造纸车间荣获"先进部门"的称号，多次被公司评为优秀经理。由于工作成绩出色，他又先后被盘锦市总工会授予"盘锦市五一劳动奖章""盘锦市劳动模范"，并获得"辽宁省五一劳动奖章"。2022年，他荣幸地成为盘锦市政协委员。

"站得出来，冲得上去，迎难而上，勇挑重担。"这是王继权作为一名管理者一直践行的诺言。在工作中，对员工要求严格的他，对自己更是严加约束，遇到困难工作总是主动承担，自我加压，奋力争先，甘于奉献，圆满地完成了各项工作任务。

（作者系盘锦市政协委员，盘锦市总工会党组成员、副主席）

"铁笔山房"的前世今生

生夜雨

前世——抗战时期精神炮弹的制造者

多年以前，安东（现丹东）历史研究的资深学者迟立安老师，在编辑《安东旧影》一书时，发现了一张安东老地图，在四道口附近，有一个地方标注着"铁笔山房"几个字。凭经验，迟老师判断这应该是一间和书、纸或者是印刷有关的商铺。经查阅相关历史档案，他找到了"铁笔山房"的工商信息记录，证实了这是一家印刷局。

当时，安东铁笔山房的掌门人是董福荣，在他病逝后，独子董泰和接掌铁笔山房。作为伪满洲国哈尔滨工业大学的毕业生，董泰和是安东印刷行业第一位具有大学学历的老板，他把铁笔山房搞得风生水起，极具行业影响力。安东第一次解放期间，铁笔山房为共产党的部队印制了大量传单、表格，支持党的工作；新中国成立初期，铁笔山房鼎力支持抗美援朝，带领全市印刷行业捐款献物；铁笔山房还积极响应公私合营，将全部资产献给国家，董泰和也成为国营安东印刷厂的副厂长、安东市人大代表和政协委员。

丹东凤城也曾有一家铁笔山房，东家也姓董。1931年，九一八事变的一个月后，辽东第一个自发的抗日组织——东北民众自卫军在凤城顾家堡揭竿而起。这是一支没有任何依托的区域性民间抗日武装。1932年8月，凤城铁笔山房印书局的老板董汲忱受邀成为邓铁梅的印刷局局长。邓铁梅经常对董汲忱说，抗日就不能怕死。在被日

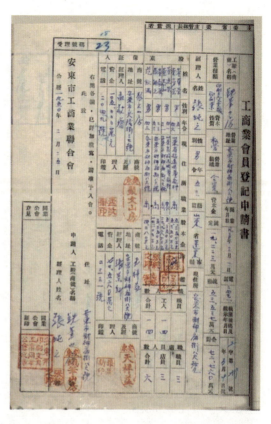

寇围困孤立无援危在旦夕的日子里，身边人一再劝邓铁梅去北平，他却慷慨回答："人生都有一死，怕死就不能抗日。"正是邓铁梅的这种决绝的抗日精神感染了董汲忱，让他抛家舍业，提着脑袋跟随了东北民众自卫军。当年的董汲忱，身怀绝技，一手精巧的刻版印刷功夫。为了追随邓铁梅抗日，他告别妻子，辞退工人，只身带着印刷机，辗转来到自卫军总部岫岩大营子。在他的精心谋划之下，用秘密到安东采购的上等好纸，共印出3万余元"邓票"。如今，由董汲忱亲手设计印制的"东北民众自卫军通用钞票"，已经被列为国家一级文物。1934年，董汲忱入狱，受尽日寇折磨，却没有供出邓铁梅抗日一个字。

今生——新媒体时代城市记忆的打捞者

在丹东,有一群热爱家乡历史、各有专长的人。有人痴迷安东旧事数十年,笔耕不辍;有人走遍丹东地区探访老建筑,留下影像;还有人自费收集各种安东文献和物品、器具……

一直以来大家都有一个共同的愿望,就是成立一家民间机构,能集合、利用各自手中多年来积累的资料,厘清现代传媒中关于老安东历史记述的一些谬传,尽力还原老安东历史的本来面目,实实在在地为丹东的历史文化传承做点儿事情。

在为机构取名时,团队成员迟立安老师恰巧想起了昔日翻阅安东工商登记册时,让他印象深刻的"铁笔山房"印书局。

正所谓"铁肩担道义,妙笔著文章"。于是,"铁笔山房"工作室就这样应运而生。这群人,行走在乡野旧巷,挖掘光阴深处的安东往事,留住城市记忆。

时代在发展,历史也应融入网络文化。"铁笔山房"团队建立了"安东历史影像志"公众号。翻阅其中文章,一股厚重的历史气息扑面而来,一张张老照片,一页页残卷故纸,都散发着岁月的幽香,尘封的丹东历史记忆在"铁笔山房"的笔下再次呈现在世人面前。"安东,是因水而生的城市。闯关东的先民很大一部分由海上来,经鸭绿江逆流而上,在安东会聚……"他们的叙述,仿佛开启了一条时空隧道,与老安东相遇。

明长城研究者郭一夫,十几年行走在凤城山野,探寻老城遗址;大孤山历史研究者王维刚,钻研地域文化,解读残碑断碣很有方法;于辉自费收集安东老物件,收藏品涵盖丹东各历史时期;尹璐收集旧报纸、杂志、书刊中关于安东的资料;擅长计算机操作的张强,利用休息时间提供技术支持……

"铁笔山房"的文章、图片、文献素材大部分是通过图书馆、档案馆或私人收藏获取，少部分从网络收集、整理而来，宗旨是多陈述少评论，尽量把历史的本来样貌呈现给读者。他们的初衷是资料留存和历史普及。

"我们希望更多人加入进来一起'打捞'城市记忆，形成一种新的历史传播方式。"在"铁笔山房"看来，讲述过往也是寻根，留住文化记忆，城市会更有品位。就是这样一群文化爱好者，他们在快节奏的现代生活中，难得地慢下来，在漫长的历史之旅中，将空间和时间链接，守望着城市难以忘怀的时光。在互联网的海洋里，"铁笔山房"只是一片浪花，却已荡起片片涟漪。

(作者系丹东市政协委员，丹东市政协文化和文史资料委员会主任)

加强自主创新，振兴民族医药

张喜军

我叫张喜军，是鞍山市铁西区政协委员，现任鞍山制药有限公司总经理。

一直以来，鞍山制药有限公司致力于制造一流现代中药产品，始终探索走仿古创新之路，将传统中医药理论与现代制药科技相结合，发展高新技术，振兴民族医药。

我深知，要带领公司实现目标愿景，一定要遵循习近平总书记对中医药工作做出的"传承精华，守正创新"重要指示精神，坚持走现代化、科技化中医药发展的道路。担任公司总经理伊始，我从改革公司的管理制度入手，主动对内"开刀"，提升公司内部管理水平。我尝试将精益化管理与数字化转型工作结合在一起，通过建立纵深管理体系，强化考核的激励作用，深化对人才的培养。同时，我要求公司的管理人员要掌握和运用好"科学管理"这一有力工具，优化系统结构，合理配置资源，在生产制造、质量控制、制度细化等方面，不断挖掘创效潜力，降本增效。管理改革的效果立竿见影。2021 年，公司实现营业收入同比增长 1.49%；净利润再创新高，同比增长 57.44%；生产产品扩大到 10 个剂型、23 个品种、28 个规格，共计 325 万盒……高质量、高标准完成了与集团签订的经营责

任目标。

"节能降耗"是公司提质增效的另一个"突破口"。我带领团队制定了《节能降耗管理办法》，并面向公司全体员工发出"节能降耗从我做起"的倡议。为了更有效地推动工作，我每月定期组织召开能源会议，号召大家主动做节能降耗的倡导者、实践者和示范者，从小处着眼，从细节入手，优化工作环境，改变办公习惯，通过"反向"控制节能为公司"正向"增加收入，以实际行动为地球减负、共同守护绿色家园。

在做好本职工作的同时，我主动承担起对行业、对社会的责任。身为鞍山市铁西区政协委员，在履职工作中，我十分注重以强化思想政治引领、广泛凝聚共识为出发点，尽职尽责，积极奉献，时刻铭记一名政协委员的初心使命与责任担当，顾"小家"更顾"大家"，与全社会一道共同战"疫"。疫情防控期间，我随同铁西区政协领导到区疾控防治中心、区疫情防控指挥部及铁西经济开发区和区商务局物资保障专班，看望奋战在抗疫一线的工作人员，向他们表达敬意和感谢，并送去了慰问品和防疫物资。

　　成绩属于过去，未来任重道远。我愿继续为自己热爱的事业捧出真诚、付出热忱，为弘扬中医文化，推动中药走出国门、面向世界贡献一份力量！

（作者系鞍山市铁西区政协委员，鞍山制药有限公司总经理）

唱响新时代的 "咱们工人有力量"

张晓东

在辽宁铁岭，有这样一群产业工人，微光似火，照亮"疫"线，唱出了建设祖国的崭新华章。

他们在困难面前勇于奋斗，彰显了工人阶级榜样的力量。他们的事业不那么轰轰烈烈，他们的身躯也不那么高大挺拔，但他们却像一颗颗星星，照亮了夜空。他们就是辽宁远大换热装备（集团）有限公司铆焊班组。

铆焊班组组建于 2006 年 1 月，现有职工 32 人，团队多次获得省、市"工人先锋号"荣誉称号、市职工技能大赛冠亚军，2022 年被提名为"全国工人先锋号"拟表彰集体。

2022 年 3 月，我省突发新冠疫情，为了不影响生产、保障产品供应，公司号召员工返厂集中封闭，铆焊班组 32 名工人迅速响应公司号召，全部自告奋勇返回公司，全程积极参与封闭生产，这一住就是 40 多天。在这 40 余天里，他们任劳任怨、不谈条件、勇挑重担，一心扑在生产上，用他们的身躯挺起了企业脊梁。

疫情防控期间，公司签订的武汉思创化工机械股份有限公司 3 台脱硫液冷却器设备，急需新产品投入，铆焊班组将人员分 3 班倒，积极抢工抢产，24 小时不间断作业，提前将设备生产完成，并成功发到客户使用现场。

这期间，公司多个车间人员没能及时返回，铆焊班组主动承担起相关生产工作，加班加点，昼夜奋战，超负荷推进生产进度，确保了多个重要订单的按期完成。

疫情之下，很多企业停工停产、步履维艰，但辽宁远大换热装备（集团）有限公司的生产却一刻没有停滞，创造了疫情防控期间静态管理下的一个奇迹。

总有一种情怀打动人心，总有一种精神迎风飘扬，疫情终将退去，春天已经到来，面对企业复工复产的号召，身处生产一线的广大工人在平凡的岗位上践行着他们的使命担当。

一个个奋斗的身姿，见证着中国工人勇攀高峰的坚定志向，折射出"劳动模范"的价值追求，生动诠释了新时代劳模精神，成为几代产业工人的力量之源、劳动之魂、奋斗之根！

（作者系铁岭市政协委员，昌图县政协党组书记、主席）

从"制造"到"智造",看丹东美丽蝶变！

位海晴

时间是万物的尺度

刻写下波澜壮阔的奋进历程

从低效制造到高端智造

从单打独斗到集优成势

丹东的精彩蝶变

我们来一起见证

2021年9月17日,丹东市"百企百亿技改提升行动"重点项目集中开工。一批重点项目纷纷上马、投产,带动全市工业经济加速向"结构更优化、布局更合理、效益更突出"迈进,工业经济高质量发展步伐随之加快——到年底,已实施技改项目82个,总投资额达138.5亿元。

2022年春节假期刚过,丹东市就召开了全市"项目年"大会。会上,丹东国通电子元件有限公司董事长刘文磊作为企业代表做表态发言。他提到,2021年企业投资实施环保新型PTC热敏电阻及传感器智能数字化技术改造项目,建成后,将实现年产1.8亿个新型高性能热敏电阻及传感器的生产规模,年销售收入2亿元,市场占

有率将达到60%左右。也正是借助技改的东风，企业2021年经济指标实现了26%的增长。

凤城市信宇包装印务有限公司主要从事外包装纸箱加工与销售、包装装潢及其他印刷品印刷等业务，雪花啤酒、蒙牛牛奶、娃哈哈矿泉水、王老吉凉茶……很多我们耳熟能详的品牌产品外包装箱都产自这里。市政协到该公司调研时了解到，公司实施高精度数字彩色包装制品生产技术改造项目后，年生产食品级彩印包装纸箱新增1000万平方米，可实现营业收入3000万元。同时，新的包装纸箱抗压强度高、可回收利用，新采用的瓦楞纸板材料还能够减少原纸消耗量，间接节省了大量森林资源。

在丹东市"百企百亿技改提升行动"82个技改项目中，还有辽宁五一八内燃机配件有限公司投资1.5亿元的全自动智能制造曲轴生产线项目、丹东大东线圈工程有限公司投资2亿元的半导体功率器件及模块封装测试生产线扩建项目、丹东欣时代生物医药科技有限公司投资1.1亿元的卫生消毒及医疗器械生产线建设项目……这些技术含量高、处于行业领先地位的技改项目，对于提升企业竞争力意义重大，不仅充分释放了企业生产活力，更对丹东市的产业转型升级、产业链完善起到了举足轻重的作用。

数据显示，2021 年丹东市完成工业固投 80.6 亿元，同比增长 22.4%，增幅位居全省第二名；其中技改投资占比 42.2%，同样位居全省第二名。结合做好工业结构调整"三篇大文章"，丹东正以技术改造为抓手，推进制造业加速向智能化、高端化、集群化、服务化、精品化、绿色化方向延伸拓展，"智造"元素正在撑起"工业强市"的"四梁八柱"！

刘文磊表示，"百企百亿技改提升行动"让企业有决心，更有信心，努力在"带土移植""揭榜挂帅""产学研联盟""品牌建设"等方面实现更大突破和创新。丹东市的技改提升目标任务也十分明确，"项目总数量、投资额度、固投入统率均提升 15% 以上""补充 50 个以上新谋划项目进入百企百亿项目库"，坚持"项目为王"……为此，丹东市将在全面落实上级技改支持政策的基础上，出台市级普惠性支持政策，清单化抓实百企百亿技改提升行动，加快项目实施，形成示范带动。重点支持企业智能化数字化改造，加快工业互联网平台建设，依托华为等工业互联网创新中心，推动 20 家企业进行工业互联网改造，建设一批数字工厂、智能车间和无人生产线，打造数字化经典应用场景 30 个，充分发挥数字技术对经济发展的放大、叠加、倍增效应。

以"智"变促"质"变。技改就是最好的招商引资。创新驱动必将为丹东工业经济加速发展注入新的强劲动力！

（作者系丹东市政协委员，丹东市政协秘书长）

不到九门口，枉来长城走

杨　晔

　　大家都知道"不到长城非好汉"，但还有一句流传已久的民谚："不到九门口，枉来长城走。"

　　坐落在葫芦岛绥中县李家堡乡的九门口长城拥有一段世界上独一无二的水上长城。九门口长城居燕山山脉东端，全长1980米（又说1704米），起于险峰绝壁，南接闻名天下的山海关长城，顺山势蜿蜒，逶迤入群山之间，北连号称"三龙聚首"的锥子山长城，是山海关和锥子山之间的重要关口。如果仅止于此，九门口长城就和其他长城别无二致。它的独特魅力就在于没有因为绝壁临水而中断，而是霸气地横跨两山间长达100多米的九江河（辽宁省绥中县与河北省抚宁县的交界河），从而打破了历史上修筑长城"遇山不断，遇水而绝"的惯例，"水上长城"也由此得名。

　　跨水建筑统称为桥，长城跨水而建的部分被称为城桥。九门口城桥两侧各有一个正方形的露天围城，城桥长97.4米，高出水面10米。远观城桥，形成"桥上是长城，城在水上走；桥下走河水，水在城下流"的独特奇观，水上长城名副其实！

　　那么为何以"九门"命名，而非"九孔"或是"九洞"呢？首先，城桥桥墩异于正常形状：城桥之下，八个看似彼此平行的菱形桥墩由巨大条石包砌起来，形成九条水道；其次，每个水道流经之处不同于普通桥下的桥洞或桥孔，高7米、宽5米的水道高大如城门，故称之为"水门"。而且，这九条水道都确实曾经装有双重四扇巨型木门，犹如城门一般守护着每一条水道——枯水期关闭，敌人不能穿门过关；洪水期开门泄洪，既能防御敌军入侵，又能灌溉周边田地，成为便民的水利设施。

那究竟为何是"九门口"而不是"八门口"或"十门口"呢？传说修筑长城前，曾经有九条龙在此地盘卧，呼风唤雨，使得当地风调雨顺，护佑一方平安。百姓叩谢龙恩，集资修建九泉清龙寺，这座寺庙至今仍然在九门口南部王家峪屯。后来，根据这美好的传说，在跨河修筑城墙时，特意在九江河上为九条龙留下通过的水道，这九道水门就是现在的九门口。

九门口长城最早建于北齐年间，自古便是兵家必争之地。《资治通鉴》中记载："幽州东北七百里，有榆关，下有榆关通海，自关东北有道，狭出才数尺，旁皆乱山，高峻不可越。"榆关就是现在的山海关，文中所描述险峻狭窄之处就是现在的九门口一带。现存的九门口长城建于明代，洪武十四年，大将徐达奉命主修蓟镇长城，九门口长城就是其中一部分，水上长城号称"九门口关"。因为九门口距离"天下第一关"山海关仅有15公里，故被冠名"京东首关"。明代以前，九门口就是出入关里关外的交通要道。1644年，惨烈的"一片石大战"发生在这里。正是在这场激战中，吴三桂大败李自成率领的农民起义军，促使战局出现历史性转变。那么，为何这场发生在九门口的大战被称为"一片石大战"呢？

据抚宁县志记载："有名一片石者雉堞鳞次，巍然其上者长城也。城下有堑名九江口，为水门九道，注众山之水与塞外者也。"从这段文字可以看出，一片石就是九门口。而且立于此处的修筑长城

记事碑文上也记载了万历四十三年和天启六年"奉文派修一片石九门"。其实，一片石并非一块巨大的石头，而是河床上面积7000多平方米的过水铺石。远远望去，这片完美衔接的条石仿佛一大片巨石横卧城桥之下。所以，尽管"一片石关"被"九门口关"取代，但还是习惯性将这场战役称为"一片石大战"。

因其战略位置险要，北洋军阀统治时期，直奉两大军阀也曾在此地展开激烈战斗。解放战争期间，英勇的人民解放军也曾在九门口河谷浴血奋战。

古代烽火早已熄灭，旧的硝烟早已云散。苍山烟雨间每一块坚石都曾承载着岁月的流逝，晨曦暮霭中每一块青砖都在倾诉着古老的故事。如今的九门口山清水秀：春暖之时，河水碧透条石可见，周边绿意嫣然风景旖旎；盛夏来临，河水澄澈天光摇荡，远山含黛树木葳蕤；深秋时节，河水清净云影徘徊，层林尽染色彩斑斓；最惹眼的是冬季，大雪过后，远山近景皆是银装素裹，屹立于冰上的九门口关愈发冷峻，大有不怒自威的气势。

　　不到长城非好汉，未见水上长城更遗憾，九门口——水上长城等你来！

　　（作者系葫芦岛市政协委员，葫芦岛市连山区世纪高中教师）

小辣椒种出"红火"大产业

王慧新

十里春深，满眼皆绿。一进入颐尔康农业有限公司的厂区大棚，就被辣椒秧上油绿的叶子所吸引——一颗颗嫩绿的小辣椒在叶片间若隐若现，呈现出一派静谧的田野景象。

"你莫要小瞧了这些长在田里的小丁丁，皮厚辣度够，等到了采摘季节，一片通红儿，到那时就供不应求了。"阜新市政协委员、颐尔康农业有限公司总经理李鹏乐呵呵地说。

从曾经的辽宁省优秀毕业生到现在的全国农村青年创业致富带头人、辽宁省十大优秀农村青年、阜新市劳动模范，李鹏在20年间领着乡亲们走出了一条增收致富路。

刚回乡时，他看到家乡许多年轻人都外出打拼，农田缺人耕种——不仅难以发挥经济效益，也阻碍了乡村的振兴发展。经过深思熟虑和充分的准备，李鹏开始了自己的种养之路，成立阜新颐尔康农业有限公司，带动村民增加收入。

打铁还需自身硬，他通过积极参加相关农业培训班、农展会，努力掌握新技术，了解产业发展最新动态，扩展视野，汲取经验，壮实自己。吃水不忘打井人，他运用自身积累的农学知识，引领、辐射带动乡邻。2006年，李鹏考取了辽宁省注册经纪人资格证书，成为阜新市首批持证农业科技经纪人。在创业的同时，他还举办了相关技术培训班，面向农户开展公益性技术咨询和指导，将自己的实践经验、致富信息分享传授给村民。2016年，他积极响应号召，主动承担水泉镇扶贫任务，为贫困户无偿提供生产资料、技术扶持，

帮助贫困户脱贫致富。

火红的辣椒带来火红的日子，为当地带来巨大的经济效益和社会效益。目前，"辣椒用苗不出村，技术咨询在田头，种子批发网上销"，农民足不出户就可以把良种销往全国各地。随着辣椒种植规模越来越大，李鹏又开始研究对辣椒进行深加工，进一步提高辣椒产品的附加值。

"去年种植辣椒都挺不错，今年准备扩大种植面积，还要尝试培育采摘、农耕体验等休闲农业的开发……"谈起以后的打算，李鹏坚定地说，"别小看小小的辣椒，只要大家肯干，日子肯定像辣椒一样红红火火。"

（作者系阜新市政协委员，辽宁省沙地治理与利用研究所资源环境研究室研究员）

小山村变身"桃花源"

刘茹娟

丹东宽甸满族自治县长甸镇，是那"桃花盛开的地方"。它的地理位置、气候环境极其适宜燕红桃的生长，因此种植销售燕红桃便成为当地农户的主要经济来源。近年来，宽甸燕红桃在全国水果市场上的品牌认可度不断提升，每到桃子成熟的季节，便成了"抢手货"。从"酒香也怕巷子深"到供不应求，这个变化与当地一位"桃二代"青年李宏密不可分。

励志的人生往往并非一帆风顺。自幼父母离异的李宏，从童年开始便与爷爷奶奶以及智力残疾的叔叔一起生活，日子过得十分清贫。初中毕业后，为了分担家庭的经济压力，他选择了扛起锄头走进自家的桃园劳作。那几年，东阳河村的燕红桃产业还没有合作社统一规划，只能等水果商来收购。果商给出的收购价格很低，难以维持一家的生计。这期间，李宏也曾去城里打工，摆过地摊，做过销售，但他始终没有忘记家里的那一片桃园。

2013 年，李宏在网上发现有销售生鲜产品的商家。那时，通过电商销售鲜果在长甸镇东阳河村还是新鲜事。头脑灵活的李宏随即萌生了在其他人看来不太靠谱的想法——开辟线上销售渠道！抱着试试看的心态，李宏的网上小店开业了。

　　创业初期，李宏每天要自己开车往返两趟将燕红桃运到 50 公里以外的丹东市区发货。"由于没有经验，第一批发出去的 100 多箱燕红桃，因包装和运输问题，损失了 50 多箱。"李宏的回忆满是辛酸。第一年，网店赔了近 4 万元，这对于事业刚起步的他来说算是天文数字了。但是，李宏没有放弃网络销售这条路，他重拾信心，苦心钻研电商的相关知识——每天除了干农活儿，就是坐在电脑前看各种资料、教程和视频。通过改进燕红桃的包装、减少物流时间等措施，网店生意一点点有了起色。2015 年，他的网店燕红桃销量已突破 10 吨。

　　随着网络销售需求逐渐增多，李宏的网络小店生意也蒸蒸日上。消息传开后，附近的村民都来请他帮着把自家的桃子卖上个好价钱。越来越多的桃农上门求助，李宏深知自己的"大任"要来了。

　　2016 年，李宏和一群有志青年成立了丹东市青年电子商务协会和 1987 青年创业空间。经过几年的发展，李宏不仅自己成为当地燕红桃线上销售大王，还帮周围的果农打开了面向全国的电商销售市场，实现了单日最高发货量 5000 单、当季累计发货量 200 吨的傲人业绩。

2019 年，李宏带领当地农户和青年创业者相继成立了宽甸宏麟水果种植专业合作社、宽甸满族自治县燕红桃协会和辽宁省佰农优选种养殖专业合作社联合社，有效整合了丹东各地优质农产品资源，把各项电子商务知识送到宽甸偏远贫困的山村，并积极配合丹东市残疾人联合会为残疾人电商创业提供义务培训和指导，帮助残疾人居家创业增收。

历经 9 年创业路，"辽宁省农村青年致富带头人""丹东市青年创业突出成就奖""全国农村青年致富带头人"等荣誉先后被李宏收入囊中。这些荣誉和称号，不仅是政府和社会对他所作所为的充分认可，更成为激励他继续前进的强大动力。"做好自己、永不言弃是我始终坚守的信念，我愿将自己的经历和经验分享给更多的村民和青年创业者，尽自己的最大努力带领大家走上共同富裕的道路。"李宏如是说。

(作者系丹东市政协委员，丹东市政协农业和农村委员会主任)

一声"彪哥"，一生真情

宋大林

　　阜新经济转型 20 年征程中，涌现出许多英雄模范人物，他们弘扬时代新风，维护公平正义，传递道德力量，助力转型振兴，成为阜新的一面面旗帜、一个个楷模、一道道风景。张彪就是其中一位。

　　1984 年，张彪从部队转业到阜蒙县司法局，从事法律援助和法律服务工作。38 年来，他自创形成了人民调解工作的新方法，把法律服务送到了老百姓"地头"和"炕头"。累计办理法律援助案件

3800 余件，用实际行动树立起为百姓动真情、办实事的"彪哥"品牌，践行着维护公平正义、坚持司法为民的法治精神，展现了忠于党、忠于国家、忠于人民、忠于事业的优秀品质。

张彪济弱扶贫，树立了司法为民的"彪哥"形象，"有事找彪哥"在阜蒙县百姓中口口相传。2015 年，全国首例公益性法律服务商标——"彪哥"成功注册。如今，"彪哥"团队成员已超过 200 人，遍布阜蒙县城乡各地。

彪哥这么火，到底都做过啥？彪哥为老百姓做过的事情太多了。

彪哥不怕麻烦——面向社会公开自己的电话号码，让个人电话成为法律援助热线，为老弱病残幼等群体解答法律问题，帮助挽回各项经济损失 500 余万元。

彪哥无所畏惧——为不计其数的农民工讨过薪，不管欠薪者是啥来头儿。

彪哥擅长宣讲——走进阜新广播电视台直播间当主持人，主讲《彪哥说案例》节目，连周边的县、市都有人慕名来咨询。

彪哥协调各方——在阜蒙县各乡镇、街道和县直部门推动建立了 47 个法律援助工作站和 391 个工作点；首创并推广"四级联调"和法律援助诉讼引导机制；牵头组建阜蒙县疫情防控法律服务团，开展线上公共法律服务。

彪哥不辞辛苦——跑遍阜蒙县 36 个乡镇、382 个村，行程近 30 万公里，接待当事人 3 万余人次……

38 年工作在法律援助和人民调解一线，彪哥在政府与百姓之间，搭起了一座温情满满的"连心桥"。

彪哥咋火的？首先，彪哥是个好人，从热血青年到天命之年，为民的初心、使命的担当始终不变。其次，彪哥是个懂法律的好人，他以"钉钉子"精神，自创"十步调解法"，为老百姓排忧解难。

再次，彪哥团队成员遍布城乡，从曾经的单打独斗，到200余人各个独当一面。"彪哥"二字成了金字招牌，各大媒体争相报道，纸媒上有他的文字，视频里有他的身影。2019年以来，先后获得"全国法律援助工作先进个人"、全国"最美公务员"、辽宁省"人民满意的公务员"称号，当选为CCTV 2021年度法治人物，他的事迹入选辽宁长安网"政法铁军英模风采"专栏，《辽宁日报》盛赞"'彪哥热线'不打烊"，北斗融媒直夸"真心解纠纷真情暖民心"。各媒体不惜笔墨，老百姓百看不厌，只因社会需要这样的好人，端正价值取向；国家需要这样的好人，引导社会和谐。

彪哥说，只要群众满意、群众受益、群众欢迎，"彪哥"品牌就会永远做下去。

面向未来，张彪将继续沿着"彪哥"团队足迹，弘扬"彪哥"团队精神，不忘初心，坚定信念，勇往直前，砥砺奋进！

（作者系阜新市政协委员，阜新市委宣传部副部长）

逐梦蓝海——他的青春在拼搏中闪光

许文欣

在 2022 年庆祝五一国际劳动节暨全国五一劳动奖和全国工人先锋号表彰大会上，辽宁中蓝电子科技有限公司（以下简称"中蓝电子"）董事长王迪成为受表彰的 966 名五一劳动奖章获得者之一。因为分管工作的原因，我对王迪和他的团队非常熟悉，他具有超强的捕捉商机的能力、创业创新的本领以及强国有我的情怀，能获此殊荣，在我的意料之中；然而取得如此辉煌的成就仅仅用了 10 年，这让我对他更加刮目相看。

青年创业者王迪，最大的梦想就是建造一支属于自己的"科技战舰"，在广阔的蓝海中乘风破浪、逐梦前行。

有梦想就会有奇迹，2010 年，27 岁的王迪在一家汽车装备公司任总经理，当年，他就交出了年销售额 10 亿元的成绩单——这对王迪来说只是个开始，他要登上更大的舞台。

这年秋天，在德国汉诺威车展上，他看到汽车生产多道工序采用机器人搬运、焊接的智能制造场景，被深深震撼了，同时他也意识到，科技创新是推动企业加快发展、赢得未来的关键因素。

回国后，王迪便马不停蹄着手实施自己的创新计划。一个偶然的机会让王迪与手机马达项目不期而遇。直觉告诉他，这个项目有着极大的发展潜力和良好市场前景。2011年，经过对市场的全面考察和对相关知识的恶补，在筹措到5000万元启动资金后，他开始试水这个完全陌生的领域。

当时的中蓝电子，没有厂房，没有资源，没有名气，甚至整个东北都没有相关产业链。在一间租用的民房里，王迪和他的7人技术团队开始了废寝忘食的技术攻关，4张桌子、8台电脑是他们的全部家当，不到半年时间，他们就试制成功了用于500万像素摄像头、良品率超过80%的手机马达。

产品有了，接下来就是到目标合作群体集中的南方跑市场。然而，某知名品牌手机厂商在听了中蓝电子产品的介绍后，一句"你还是先去把杂牌机做好再说吧"，点醒了王迪，他决心先在行业内闯出名气，再攻关品牌市场。于是，他只身南下，一家一家去拜访三线客户，在不到一年的时间里，谈成了14家杂牌机客户，并凭借稳定的供货和过硬的质量在业内赢得了口碑，引得品牌手机厂商也纷纷下单订货，中蓝电子就此搭上了一艘艘"品牌战舰"。

通过实施大力引进人才、设立海内外研发中心、与高校科研院所合作共建等一系列战略举措，中蓝的企业自主创新能力和核心竞争力得到全面提升。强大的技术团队支撑着中蓝电子从一个高峰走向另一个高峰。目前，世界每百部手机中就有10部手机的摄像头马达或镜头是"中蓝制造"，中蓝电子的产业舰队一路劈波斩浪驶向了辽阔的蓝海。

企业的发展壮大，并没有使王迪忘记创业初心，他积极履行社会责任，先后资助贫困大学生130余人。为助力乡村振兴，王迪在盘锦市清河村、西跃村和三家子村投放发展引导基金400万元，开启了"村+民+企"三元村级经济新模式。

2020年，新冠疫情暴发，在得知盘锦市防控物资紧缺后，王迪立即安排公司驻韩国办事处，以高于平时几倍的价格，紧急采购了10万只N95口罩、1万副防护手套和3000余套防护服，并支付了17万元超重费，将防疫物资空运回国，在第一时间捐赠给盘锦市慈善总会。此外，王迪还通过全国工商联和中国光彩事业基金会向武汉市和盘锦市兴隆台区政府等地捐款捐物价值累计400余万元。

十年磨一剑，出鞘必锋芒。我相信，在王迪这样一位有着顽强拼搏精神和强烈家国情怀领航者的带领下，中蓝电子定会乘风破浪、踔厉奋发，成为这片蓝海中最强大的舰队。

（作者系盘锦市政协委员，盘锦市兴隆台区人民政府副区长）

从不便到便利，为这里的营商环境点赞

赵明辉

我在铁岭工作和生活多年，对这座城市有着深厚的感情。近年来，铁岭全力打造"营商环境最优市"，城市面貌正在发生日新月异的变化。我通过几个亲身经历的履职故事，向大家展示铁岭营商环境的改变。

执法和服务有温度了

细心的群众会发现，从 2021 年 6 月开始，我们的手机就能收到机动车驾驶证检证和机动车检车的提醒短信。为什么会有这项业务？这要从 2021 年铁岭市开展政法队伍教育整顿说起。一天，市公安局机动大队打来电话，向政协委员征求执法服务方面相关建议，我随即想到了不少市民因没能及时办理机动车驾驶证检证业务而遭到处罚的情况。为此，我提出交管部门要开通检车、检证的短信提醒业务，减少以罚代管等建议。令我感到意外的是，市交管局对此非常重视，有关领导亲自到市政协答复办理情况，并及时协调相关部门开通了短信提醒业务。更值得一提的是，对"外卖小哥"的违规处罚也由经济处罚改为辅助交警执勤或参加学习培训——既减少了

"外卖小哥"的经济损失，又增强了他们的安全行车意识。

从 12123 发送违章罚款信息，到开通检车、检证短信提醒，从对"外卖小哥"的单一罚款，到接受培训、辅助执勤，我切身感受到了交管部门执法理念和服务意识的转变，人性化执法让管理更有温度了。

群众办事停车不难了

到市民服务中心办事停车难这一问题由来已久。2021 年 3 月，我提出了关于在市行政审批服务中心楼前开设办事群众专属停车场的建议，市政协将此建议以专报形式报市政府，市长对此问题高度重视并做出批示。

市行政审批服务中心对建议快速回应，主要领导亲自回复并牵头办理，他们利用周六、周日休息时间，施画停车场线位图，制作

"群众办事停车位"标牌，向工作人员发出不占用专用停车位的倡议……一套"组合拳"打得又快又准，40余个车位的停车场很快建成并投入使用，多年困扰市民办事停车难的问题得到了有效解决。从不便到方便的变化，彰显的是政府为民服务意识的不断增强和工作作风的有效转变。

"慢病"医保审批不慢了

2022年4月21日，市医保事务服务中心给我打来电话，告知我提的建议落实了：铁岭市的慢性病医保审批期限为三个月，很多慢性病患者（比如常见的高血压、糖尿病等）受这个政策影响，不能及时享受医保优惠政策。为此，我建议缩短慢性病医保审批周期，将三个月缩短为一个月。一个政策的出台，需要做大量的工作和细节完善。实话说，提这个建议时，我没抱太大的希望，建议能这么快得到落实更是出乎我的意料。除此之外，医保事务服务中心还推出了更加便民的举措——慢病患者取药时间由一个月延长到三个月，由此就免去了疫情防控期间到医院需要频繁进行核酸检测的麻烦。

在履职的过程中，我真心感受到了从市委、市政府领导到基层

工作人员，特别是执法、窗口等单位的工作人员，都在不遗余力地为铁岭优化营商环境尽责出力。营商环境的变化每天都在发生，我讲述的只是其中的一个侧影。相信随着"人人都是营商环境，个个都是开放形象"理念的深入人心，铁岭的营商环境会变得越来越好！

［作者系铁岭市政协委员，铁岭市政协县（市）区政协联络指导委员会副主任］

打出"组合拳"走好乡村振兴路

陶　治　金　鑫　陈晶涛

一条条整洁的水泥路蜿蜒前行进村入户，一片片生机盎然的果蔬种植基地颇具规模，一个个红色元素诉说着英雄的故事；开窗见绿、推门闻香，移步见景、路洁院净……这幅美丽图景，是葫芦岛兴城市三道沟满族乡构建农业高质高效、乡村宜居宜业、农民富裕富足的发展新格局的生动实践。

生态环境美起来
民心民力聚起来

三道沟满族乡扎实推进人居环境整治，抓重点、强弱项，积极推进美丽乡村建设，让绿色成为美丽宜居村庄幸福生活的底色。

这里干群同心，全民动员，下足"绣花"功夫：清理庭院内杂物、清除道路旁垃圾、拆除私搭乱建、实施厕所革命，种花植绿，以家庭"小美"聚合乡村"大美"……彻底解决了村庄环境脏、村容村貌差、基本公共服务落后等问题，形成了人人参与、户户美丽、处处和谐的良好氛围。

美好的环境离不开村民的日常维护。2022年以来，三道沟满族

乡充分发挥扶贫公益岗"稳就业、托底线、救急难、临时性"的作用，设置建档立卡贫困户公益性岗位 70 余个，负责保洁、防火、防汛、防疫等工作，为改善当地村容村貌、推动乡村振兴增添不竭动力。

富民产业强起来

农民腰包鼓起来

三道沟满族乡积极发展现代农业，不断壮大主导产业。这里具有独特的地理位置和气候条件，是红富士苹果的最佳产地——苹果以绿色、富硒、口感水润香甜而出名。近年来，在希林果蔬种植专业合作社的带领下，"合作社+基地+农户"的运行模式和"统一采购生产资料、统一生产标准、统一产品销售、分户独立经营管理"的生产经营模式，让果农尝尽了甜头，果农不再"单打独斗"，增强了市场竞争力，促进了农民增收。

目前，合作社社员已达 390 户，果园面积达 4100 亩，年产量近万吨，年产值 4000 余万元。希林果蔬种植专业合作社现已晋升为国家级示范社，产品被认定为国家 A 级绿色食品，果品获得辽宁省优质农产品金奖、特大奖等多项荣誉。

红色资源活起来
党建品牌树起来

三道沟满族乡依托红色资源优势，大力开发红色旅游和原生态旅游项目，采取党支部牵头、群众入股、利益共享的模式壮大集体经济，走出一条红色文化与产业振兴有效衔接的创新路：自辽西地区第一个以"弘扬地方革命斗争光荣历史"为主题的教育基地——三道沟革命历史教育基地正式对外开放以来，已吸引 300 多个团体、近 5 万人次前来参观学习，实现村集体增收 30 余万元。

如今，这里青山巍巍，绿水迢迢，崭新的革命历史教育基地诉

说着英雄故事；党旗飘扬，石雕耸立，随处可见的红色元素演奏着革命先烈为民族解放和人民幸福浴血奋战、前赴后继的英雄赞歌……越来越多的游客从红色历史的厚度、深度和温度中，感受到党建品牌的力量。

绿水青山动起来

旅游产业火起来

从过去的"住在深山无人问"到现在的"多处美景引客来"，三道沟满族乡以青山水库和国家级水土保持景区为依托发展乡村旅游，打开了绿水青山和金山银山之间的通道。

通过"村+村+农户"的方式，联合把家村、戏台村等，在水库沿线实施赏花园及采摘园建设，大青山原生态民族风情旅游基地已发展成"春季能赏花、夏季能观水、秋季能采摘、冬季可滑雪"的全天候旅游景区。此外，这里还大力发展农家乐旅游，吸引游客当农家人、干农家活儿、吃农家饭、购农家产品；围绕响水泉和响水河水库建设了"响水山庄"，养殖的金鳟鱼、虹鳟鱼和中华鲟等冷水鱼，可供游人观赏和品尝……

乡村振兴的道路没有终点。在三道沟满族乡这片诞生了无数英雄儿女的红色热土上，这一梦想正在脚踏实地的探索与实践中一步步成为更加美好的现实。

（陶冶系葫芦岛市政协委员，《葫芦岛日报》总编辑；金鑫系葫芦岛市政协委员，《葫芦岛日报》记者；陈晶涛系葫芦岛市政协委员，《葫芦岛日报》记者）

中药材开出"致富良方"

张洪铁

白 鲜 皮

2022年5月初,铁岭县阿吉镇朱家村村民谭荣长家的后院一片新绿,惹人喜爱。这里种的既不是粮食也不是蔬菜,而是白鲜皮——一味中药材。村民朱巧稚说:"这药材苗是去年4月小李书记种下的,当年长势就不错,今年开春长得更壮了。"

朱巧稚口中的"小李书记"就是铁岭县政协委员、时任朱家村第一书记的李敬中。因为年纪小,待人又热情,村民都亲切地称他为"小李书记"。2020年6月,李敬中到朱家村驻村。为了帮助朱家村富起来,小李书记没少花心思:该村地处辽河之畔,耕地面积有1.2万亩,适宜发展种植业。但辽河治理征地6500亩,村里的耕地就剩下一半左右。地少了,又想增加收入,靠种植传统的玉米水稻肯定是不行的,如何让有限的土地多出效益呢?

为了破解这个难题,李敬中在查阅资料和外出学习考察的基础上,决定通过种植中药材,调整朱家村的产业结构,帮助村民增收。

"大家都没干过,肯定心里没底。光嘴上号召没有用,乡亲们只认实效。我必须带头打个样出来，赔了算自己的，赚了就为大家蹚出一条致富路。"就这样，2020年秋季，李敬中在朱家村"两委"班子的支持下，以每年1600元的价格租种村民谭荣长家的两亩地，用来试种中药材。

没想到，事业刚起步就被浇了一盆冷水：2020年9月种下的赤芍种子，受台风降雨影响，怕涝的赤芍一棵苗都没发出来，1400元的种子钱打了水漂。小李书记没有气馁，经过到县果蚕站讨教、到李千户镇中药材基地学习，他又因地制宜选了一个新品种——白鲜皮。

"这个品种好，降水多了不用怕，旱了浇点儿水就行，本身还抗冻，冬天不用盖。最可贵的是病虫害少，不用打农药。唯一麻烦的就是需要人工锄草，但也只需一个月锄一回。"翌年4月中旬，李敬中购买了3000棵白鲜皮幼苗，赶在种植季栽下。"种的时候，全村轰动，都来围观。大伙儿原以为种植中药材有多么复杂，其实只要选对品种，事情很简单。"看着白鲜皮郁郁葱葱的长势，李敬中一脸欣喜地说，"县果蚕站站长王永俊告诉我，只要种完头一个月长出20厘米左右，就意味着今年干成了。"

杏　参

有了小李书记打样，朱家村村民茶余饭后聊得最多的就是产业结构调整和生态化养殖：改种中药材，不使用农药，保护辽河水源；用中药材的茎叶按照科学比例搭配到家禽的饲料中，提高免疫力、预防疾病，进而提高家禽的质量和价值。

李敬中种白鲜皮的时候还留了"后手"——只种了租用耕地面积的2/3，剩下的1/3另选作物。通过反复考察和调研，他选择了种

植杏参。种白鲜皮得三年才能收获，周期较长；杏参叶可当山野菜卖，一年三茬，能卖六七块钱一两呢；杏参根可做药材，六七百元一斤。如果杏参和白鲜皮套种，年年见效益，收入会更可观。

对于小李书记的试验，村"两委"班子全力支持，帮着推广并带头种植中药材，带动村民转变观念、放下顾虑，积极参与其中，从而彻底改变了全村产业结构。

2021年12月，李敬中的第一书记任期已满，但他离任不离岗，依然坚持定期到"试验田"浇浇水、除除草。他说："朱家村就是我的第二家乡，我一定要把'试验田'种好，给村民开拓出一条增产增收的致富路！"

（作者系铁岭市铁岭县政协委员，铁岭县政协农业农村委员会主任）

为乡村振兴注入新活力

雷凯茵

电视剧《山海情》中的一个片段令我印象深刻,贫困山区的老乡问扶贫干部:"你口中的未来,啥时会来?"这个"未来",在中国共产党成立 100 周年的重要时刻,终于到来了;如今,我们的主要任务是继续巩固脱贫攻坚成果,扎实推进乡村振兴,让群众生活更上一层楼。

作为一名见证者,我有幸用镜头和笔尖记录了乡村振兴路上的奋斗故事。

张北——银州区龙山乡柴河西村第一书记

春日里的银州区龙山乡柴河西村环境优美,空气清新,村民们在文化健身广场惬意地晒着太阳、聊着天。如今的柴河西村村民们的物质生活和精神生活都有了巨大的改变。

柴河西村的改变与一位第一书记的到来密不可分,他就是张北。驻村一年半的时间,他成了柴河西村村民心中最信服的人,成了村民眼里的自己人。

2021 年 10 月,抚顺的两名个休户慕名来到柴河西村家庭农场葡

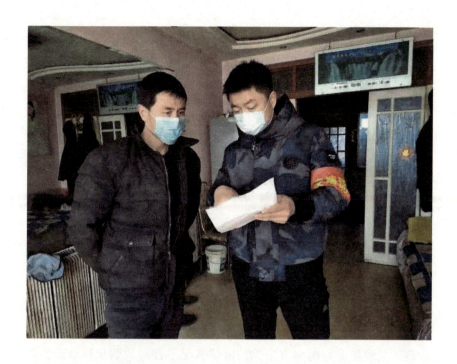

萄采摘园，打算收购大棚种植的葡萄，销往抚顺周边地区。"把这剩余的几百斤葡萄卖完，我这一季的收入就稳当了。"采摘园的园主李春来舒展眉头高兴地说，"多亏了张北书记为我们忙前跑后，拓宽销路，他真是个热心干事的人。有第一书记做后盾，我们再也不愁销路了！"

从年初葡萄树发芽开始，张北就经常在田间帮助锄草、疏果……8月中旬，葡萄快到成熟销售期时，张北提前谋划助销行动，通过联系"网红"直播带货、微信平台销售、发动亲朋好友和单位同事爱心购买、联系个体商户采购、帮忙送货上门等方式，3万余公斤葡萄顺利售出，收入达20多万元。

张北还向上争取了160万元乡村振兴发展专项资金，协助柴河西村党支部书记建成了9栋温室采摘大棚，为壮大村集体经济开了好头、打牢了基础。

王冬梅——银州区龙山乡七里村妇联主席

　　1981 年出生的王冬梅是一名共产党员，曾获"铁岭市道德模范""铁岭市十大最美儿媳""铁岭市巾帼创业领军人物"等荣誉称号。2002 年，她牵头成立了龙山乡军成养猪专业合作社。该社位于铁岭市银州区龙山乡七里村，属能人带动型合作社，目前共有社员 20 人，年利润 20 余万元。

　　近几年，养猪已成为不少农民发家致富、增加收入的短平快项目和重要经济来源。但受市场等方面因素的制约，零星分散的生猪养殖势单力薄，无法适应千变万化的市场需求，难以有效规避市场风险。同时，猪苗、防疫、饲料、销售也存在一些无法解决的问题，出现了货源情况好时多方争购，市场情况不好时收购价格极低，费时费力养的猪不仅挣不到钱还赔钱的现象，极大损害了村民利益，

也挫伤了村民养猪积极性。

对此，王冬梅看在眼里，急在心里。2002年，她创办了龙山乡军成养猪专业合作社，想以自己多年养猪积累的成功经验带动村民共同致富。在合作社成立前，为了提高养殖户对成立合作社重要性的认识，调动村民加入合作社的积极性，她挨家挨户走访宣传，反复讲解走联合经营之路的好处。为了把合作社办得更加规范，她制定了合作社章程，选举产生了合作社理事会和监事会。养猪户按照入社自愿、退社自由、地位平等、民主管理、风险共担、利益共享的原则参与合作社管理。同时，合作社还坚持定期例会制度，及时听取社员意见，总结工作，研究策略，为合作社健康发展奠定了良好基础。合作社自创立以来，紧紧围绕农业产业化发展目标，坚持为社员服务的办社宗旨，以为政府分忧、助农增收为己任，加强内部管理，强化为农服务，逐步走出了一条集约化、规模化、科学化生产经营的成功之路。在各级政府和业务部门的大力支持和帮助下，经过广大社员的共同努力，合作社规模不断扩大，社员们收入不断增加，家里的小破房翻建了，有的还在市里买了楼房。大家感谢王冬梅，但她却总是说："这是我应该做的，我将用我的余生带动家乡父老乡亲共同致富。"为了这个承诺，为了这个梦想，王冬梅一直奔波在追梦的路上。

（作者系铁岭市银州区政协委员，铁岭市银州区委机构编制委员会办公室科员）

"辽一井"的故事从这里开始

胡兴龙

盘锦，是辽河下游入海的地方，历史上曾是"潮汐涨落，蒲苇扬花，雁去鹤归，草莱未垦"之地，是有名的南大荒。

1964 年初，大庆石油会战刚刚结束，人们沉浸在石油实现自给的喜悦中。此时，广袤的下辽河平原银装素裹，辽河油田第一批创业者——地质部第二普查大队 3207 钻井队顶着严寒，怀着"我为祖国献石油"的崇高使命，浩浩荡荡开进下辽河，在黄金带构造上开

始勘查"辽一井"井位，踩出了荒原上第一行创业足迹。

那时候黄金带人烟稀少、交通不便，生产生活条件异常艰苦。3207 钻井队队员脚踏荒原，克服困难，用了近 5 个月时间，硬是靠着人拉肩扛运来了一批批生产物资，矗立起荒原上第一座钻塔。

1964 年 7 月 4 日 19 时 30 分，轰鸣的钻机唤醒了下辽河这片沉寂了亿万年的土地，第一次试钻取得圆满成功。南大荒的这口"掘宝"之井被称为"辽一井"。在随后的 7 个多月里，3207 钻井队弘扬大庆精神、铁人精神，攻克了一个个难关，钻头不断向地层深处钻进。1965 年 2 月 15 日，"辽一井"完钻，井深 2720.48 米。作为下辽河平原第一口参数井，"辽一井"建立了完整的中新生界地层剖面，找到了多个良好油气显示层，使辽河平原从普查勘探进入寻找油气田的新阶段。

1965 年 7 月，地质部第一普查队在"辽一井"西面的大平房地区钻探成功"辽二井"，喜获工业油气流。此后，相继在下辽河地区打探井 13 口，在欧利坨子、热河台、大平房等地获得工业油流，表明下辽河平原蕴藏着丰富的石油资源。

从"辽一井"开始，辽河油田的创业启程；从"辽一井"开始，钻机轰鸣，抽油机欢唱，打破了南大荒的沉静；从"辽一井"开始，辽河石油人开拓进取，持续奏响"我为祖国献石油"的激昂旋律，走出了争当"油老三"，建设全国最大稠油、超稠油、高凝油生产基地的光辉历程；从"辽一井"开始，黑色石油与白色盐碱地结下不解之缘。

可以说，"辽一井"打开了下辽河平原石油宝藏的大门，奠定了辽河油田开发建设的第一块基石，见证了全国最大的稠油、超稠油、高凝油生产基地持续发展壮大的历程。

开发建设50多年来，辽河油田已累计生产原油近5亿吨、天然气900多亿立方米，实现财税贡献2900多亿元，获得省部级以上科技成果499项，有力助推了地方经济社会发展。

"辽一井"虽然已经退出辽河油田勘探开发的历史舞台，但它依然是一座不朽的精神丰碑，被镌刻在辽河发展史册的第一页。今天的"辽一井"已成为中国石油企业精神教育基地、辽宁省和盘锦市两级文物保护单位。每当有企业员工进行参观学习，以及新党员入党和新员工开展入厂教育时，这个昔日的"发源地"依旧发挥着不可代替的教育作用。"辽一井"仿佛一粒种子，让石油精神在一代代辽河石油人心中不断传承、历久弥新。

如今的辽河油田坚持发展定位，直面市场变化、低油价冲击等考验，实现了油气产量与保供能力同步增长，经营业绩与财税贡献明显提升，油地融合、安全环保、降碳减排等工作均获得积极进展。

面向"十四五"，辽河油田将继续守正创新、开拓进取，积极融入结构调整"三篇大文章",全面推进"千万吨油田稳产、百亿方气库建设、外围区效益上产",力争以"加油增气"的实际行动,努力在促进辽宁振兴发展、保障国家能源安全中担当作为,持续贡献辽河石油铁军力量。

(作者系盘锦市政协委员,辽河油田公司工会副主席)

拿"年薪"的社区"80后"小伙

王　敏

习近平总书记在庆祝中国共产主义青年团成立 100 周年大会上指出:"时代总是把历史责任赋予青年,新时代的中国青年,生逢其时、重任在肩,施展才干的舞台无比广阔,实现梦想的前景无比光明。"

在辽宁省铁岭市清河区红旗街道清波社区,就有这样一位有为青年——党委书记辛明。

辛明曾同时经营化妆品店和烧烤店。由于想尝试更多的可能,他主动到红旗街道金澜社区工作,并在社区换届选举中当选副书记。不久,他又根据工作安排担任清波社区书记,用年轻的肩膀挑起了千斤重担。

"放着一个月数倍于社区工资的钱不赚,去干那个苦差事,不知道他到底图个啥?"每当提及此事,妻子都会说出曾经的不解。但随着时间的推移,看到他从早到晚忙碌的身影,妻子又很心疼,慢慢地从不理解到承担更多的家务为他分忧。

上任后,他面对的是辖区 89 栋居民楼的 5692 个居民、10 个党支部和社区自管 450 名党员……白天在社区工作,晚上到烧烤店忙活,几个月下来,他精疲力竭。很多人劝他辞了这份挨累不讨好还

不挣钱的工作，但他最终狠心关了店，一心一意当起了社区书记。

到社区工作，他就想干成一件事，那就是把社区干部和居民的心紧紧地连在一起。他用心组织社区文化活动，春节联欢会他给居民当主持人，学雷锋活动他走在最前，教师节他去退休老教师家中送温暖，每逢佳节他推开困难党员的门送去慰问……

居民的心在他一次次真心的付出中连接在一起。他们说，辛书记把咱当亲人，咱得支持他。短短几个月，辛明就赢得了社区干部和广大居民充分认可，社区工作打开了新局面。

2022年3月15日，新一轮疫情蔓延。防疫以来，他没有休息过一天，每天都忙到半夜。5岁的女儿生病，他没时间照顾。女儿想爸爸想得直哭，但他早出晚归半个多月未见到面。

白天他开着自己的车在社区13个卡点一遍遍巡查，晚上他自掏腰包买来面包、矿泉水慰问卡点值守人员。有人问他，你一个月500元工资，油钱都不够吧！他却笑笑说，我现在挣的是年薪！原来，

到年底民政才会发放 1.5 万元左右的微薄补助。但在他心里，钱并非第一位，他想在年轻时多做点儿事，实现自己的人生价值，而这价值与金钱无关。

居民看他每天值班到深夜，就把煮好的饺子送来。看着热气腾腾的饺子，在艰难面前没有掉泪的他却泛起泪花。他说这是他作为社区书记得到的最好的嘉奖。在他的带领下，清波社区荣获 2021 年度"省级优秀文明社区"称号。

（作者系铁岭市清河区政协委员，铁岭市清河区委党校副校长）

"领头雁" 衔来 "聚宝盆"

王 肖

春耕了，春耕了，辽宁省北票市上园镇马代沟村的农户们正在种植沙棘，从 2021 年的 3 个村完成沙棘种植面积 2700 亩到 2022 年的 6 个村计划完成种植面积 3000 亩、已完成 2500 亩，农户们热火朝天地忙碌着。

北票市上园镇马代沟村位于辽宁西部，属于半干旱地区，常年少雨，风沙较大，恶劣的自然条件使农民生活十分贫困。是谁改变了这一切？是他们——裤腿沾满泥巴的地道农民、技艺高超的果树专家和意气风发的企业家。他们是带领乡亲们致富的"领头雁"。

说到"领头雁"，还要从闻名遐迩的"金丝王枣"研发者、"金

丝王枣之父"——宝英杰说起。

改革开放后，身为技术员的宝英杰萌生了"闯一闯"的念头。1985年春，他做了一件"惊天动地的大事"——承包了当时的林果场，办起了"宝英杰果园示范场"，凭着要把荒山变成"聚宝盆"的信念，硬是把荒地变成了宝地，搞起了以山楂、大扁杏、南果梨、锦丰梨为主要品种的果树育苗基地。仅1985年和1986年两年，他的个人收入就突破了30万元，一跃成为上园镇远近闻名的"万元户"。

宝英杰并没有就此停止脚步，他开始研究新品种，尝试用山枣树与和田、赞皇等多个品种进行嫁接，但是几次实验后结出的果实口感都不理想。1998年，宝英杰去义县走亲戚，偶然发现他家枣树结的枣很特别，口感很甜，这对于潜心研究果树品种的宝英杰来说简直是如获至宝。他打回一个接穗与自家山枣嫁接，经过四年的精心培育和不断改良，终于栽培出第一批"金丝王枣"。宝英杰说，每一片枣叶都是一颗跳动的心脏，看到它们苗壮成长，就是他最大的幸福。

致富的宝英杰不忘乡亲，为了实现大家共同富裕的目标，他主

动担起了果园技术顾问的职务，定期到各家果园进行技术指导。在他的引领和带动下，农户们信心满满地加入种植队伍。现在，上园镇大枣栽植面积已超过3万亩，年产300万斤，总产值2000多万元，栽植农户达300余户，从业人员超过5500人。如今的上园镇，漫山遍野的金丝枣林郁郁葱葱，生机盎然。2017年以来，上园镇已成功举办了四届"金丝王大枣文化旅游节"，金丝王大枣一路走红，销售异常火爆，有力拉动了全镇产业发展。

迎着改革的春风，一波又一波"领头雁"紧跟时代步伐，用实际行动践行"绿水青山就是金山银山"。如今在上园，人人都有一股力量，勇于创新，勇于实践，搞种植的，搞养殖的，搞经营的，家家都充满了干劲儿，争当"领头雁"，在乡村振兴发展的强劲势头下，逢山开路、遇水架桥，一起去描绘、去创造美丽乡村！

（作者系朝阳市政协委员，中共北票市委常委、统战部部长）

综合服务大厅里的"店小二"

张　勇

　　41 岁的谷长浩是辽宁省盘锦市社保综合服务大厅服务中心副科长。10 余年来，他把对党和社保事业的一片赤诚与热情，无私地奉献给了每一位参保服务对象，以为民服务的热忱、兢兢业业的工作，认真做起了综合服务大厅里的"店小二"。

　　2020 年农历春节放假前的最后一天，谷长浩和往常一样在下班前关闭电脑，检查科室及自助服务区设施安全。这时，一阵急促的

电话铃声响起，一位叫赵红的女士在电话里十分焦急地说："同志，我现在正在高铁上，我想办理社会保险转移，明天就是除夕了，还要赶回北京去，这可怎么好？""大姐，您别着急，不管您几点到，我都等您！"晚上7点多钟，终于等来了行色匆匆的赵红女士，谷长浩及时为她办理了社会保险转移手续。赵女士十分激动地说："同志，虽然咱们都戴着口罩，但我依然能感受到你温暖的笑容和为民服务的一片真心，真是太感谢你了！"谷长浩笑着说："我就是一名为群众办事的'服务员'，赶紧回家过个好年吧！"

2021年以来，社保扶贫工作进入常态化阶段。有一天，谷长浩接到了来自赤峰市社保经办机构的电话，反映一名困难群众，户籍在盘锦市，临时居住在赤峰市，达龄后无法及时享受扶贫政策……尽管这不在谷长浩的业务范围，但考虑老人不在本地，他二话没说，跑上跑下，主动为其办理了退休手续，让老人足不出户就能享受城乡居民养老金待遇。老人特意打来电话表示感谢，声音颤抖："孩子，过年好啊！可多亏了你呀，我顺顺当当退休享福喽！"谷长浩感到一股暖流在心中流淌："阿姨，您也过年好！衷心地感谢您对我们工作的认可，祝您晚年生活幸福！"

在疫情防控的关键时期，谷长浩冲锋在前，为做到防疫、工作两不误，他把办公电话转接到自己手机上，确保24小时接听参保单位和群众的电话，繁重的工作熬得他眼睛都发了炎，但他只是憨厚地说："能为企业和群众办点事儿，这是我最大的幸福！"

疫情防控期间，社区工作压力巨大，谷长浩又主动向单位申请，成为第一批志愿者奔赴抗疫一线。看着变成"大白"的爸爸每天早出晚归，甚至一天都吃不上一口热乎饭，他8岁的孩子用稚嫩的声音问："爸爸，你不怕病毒吗？"他摸摸孩子的头笑着说："儿子，

爸爸就是一名消灭病毒的'消防员',消灭了病毒,你和小朋友们就安全了!"

十余载的社保窗口磨砺,谷长浩成为社保业务"疑难杂症"专家。他曾多次代表盘锦市社保经办机构参加省、市人社系统行风建设练兵比武大赛,并取得了优异成绩。2020年7月以来,企业职工养老保险实行省级统筹,盘锦市社保窗口实行综合柜员制,全力推行"一网通办""跨省通办",他和同事们逐项研究、逐个论证,在窗口服务中勇担当、善作为,提出了多项优化服务措施,确保了各项便民改革的顺利推进。

工作中,他始终牢记"人人都是营商环境,个个都是开放形象",坚持把参保职工的利益放在首位,坚守原则,不徇私情,严格执行社会保险法律法规,坚决抵制违反社会保险政策、损害国家和群众利益的行为,时刻做维护社保基金安全和群众利益的守护者。

民生无小事,枝叶总关情。服务窗口中紧张忙碌的身影、工作岗位上浑然忘我的专注、为民服务时温暖赤诚的真心……在盘锦，像谷长浩这样的人还有很多，他们踏踏实实工作、清清白白做人、无怨无悔奉献，在各自的工作岗位上争做为民服务的"店小二"，为盘锦打造"营商环境最优市"贡献青春和力量！

（作者系盘锦市政协委员，盘锦市人力资源和社会保障服务中心副主任）

"山椒计划"让山村孩子拥抱多彩的世界

宁传锋

2019 年，民盟大连外国语大学基层委员会组织大学生成立"山椒外语计划"公益团队，为大山里的孩子获取知识、了解世界打开了一扇窗。

在全面脱贫这场攻坚战中，高校党派组织能做些什么，是民盟大连外国语大学基层委员会一直在思考的问题。结合学校外语专业优势和偏远乡村中小学英语师资短缺的现实状况，委员会决定把着

眼点放在公益英语支教上，提出了公益在线直播支教方案，取名"山椒计划"。2019年4月，第一堂线上直播课落地河南商丘中华楼小学，大学生志愿者备课充分，PPT清晰翔实，口语发音标准，课堂气氛热烈，教学效果好得出人意料。

何谓"山椒"？"山"代表大山，最初设想是对接六盘水市，那里山多；"椒"代表辣椒，贵州人爱吃辣椒，也蕴含了山里孩子坚强勇敢、不向命运屈服的精神。截至目前，"山椒计划"已累计为辽宁、吉林、黑龙江、陕西、青海、云南、四川、河南等9个省的200多所乡村中小学开展线上授课5000多课时。

"山椒计划"为偏远山区的孩子们送去优质教育资源，得到当地教育主管部门和学校领导、教师的高度认可。"自从有了山椒直播课，孩子们对英语更感兴趣了，成绩突飞猛进。"六盘水市一名乡镇中学的校长说。

"山椒计划"由大连外国语大学率先发起，得到了全球华人大学生志愿者的鼎力支持，目前已汇聚了来自中国人民大学、浙江大学、南开大学、北京航空航天大学、四川外国语大学、天津师范大学、香港城市大学、大不列颠哥伦比亚大学、伦敦政经大学、美国雪城大学等全球60多所高校的志愿者500多人，不定期开展线上教学。"山椒计划"还在澳门理工大学、大连大学、辽宁师范大学、青岛理工大学、大连民族大学、澳大利亚新南威尔士大学等高校建立了"山椒小站"，聚焦项目教学研究、教材开发和教学评价等相关领域，整合全球高校资源，教学课程也从英语、日语、俄语等外语类课程，拓展到美术、中文阅读、音乐、女童保护、心理疏导、编程、海洋生物科普等素质教育课程。

"山椒计划"还成就了一种"双向奔赴"的温暖。大学生志愿者向大山里的孩子送去丰富有趣的专业知识，也让大学生志愿者切

身感受到了奉献的价值和可贵。大连外国语大学英语学院学生阎亦婷主讲了贵州一所小学的英语直播课。她说："在我的帮助下，孩子们变得越来越自信，看到他们敢于大声开口说英语，我真的很开心！孩子们的认真让我不敢懈怠，孩子们的进步让我感受到了努力的意义。他们也在感动我、激励我成长。"加拿大滑铁卢大学数学系的季天骄参加了黑龙江育才小学的线上教学。她说："孩子们的表现让我太惊喜了，愿意发言，敢于提问。一声声'老师好''谢谢老师'，让我觉得成为他们的老师是一件非常幸运的事。我愿为你们而来，也谢谢你们给了我最治愈的笑容。"

（作者系大连市政协委员，民盟外国语大学基层委员会副主委）

一餐一饭，他们用爱温暖一座城

李国杰

爱可以拉近人与人之间的距离，更可以为人生和社会注入向上的力量，今天为您讲述的正是我在调研中发现的一个与爱有关的故事。

故事要从一个特殊食堂的特殊举动说起，食堂的名字叫"爸妈爱心食堂"，位于东港市桥东书香苑小区，是东港市爱心义工协会开办的一个纯公益食堂，免费为低保户、残疾人和70岁以上空巢、孤寡老人提供午餐，并开展义务理发、心理疏导、娱乐、阅读、为困难人群捐赠生活用品等适老活动。疫情防控期间，爱心食堂组织义工每天包上千个包子，配送给有需求的社区困难群众，他们还每天把热乎乎的饭菜免费送到孤寡、空巢老人和残疾人家中，让他们在特殊时期感受到特别的温暖。

为什么叫"爸妈爱心食堂"？爱心义工协会发起人、会长李海涛说："百善孝为先，我们要把天下老人都当成自己的父母，让孤寡和空巢老人同样感受到儿女的关爱。"

正因为有了这种心愿，爱心食堂才会办得格外用心。无论怎么困难，始终坚持饭菜营养搭配全面、用餐标准不降低。他们还认真登记每位老人的生日，为老人准备生日宴，组织志愿者表演文艺节

目。老人们边吃边看，脸上绽放开心的笑容，眼中满含着感动的泪花。

做公益就要做到细微处。五保户于洪福老人行动不便，家中门窗破损，漏风漏雨，协会立即想办法，帮助老人更换铝合金门窗；85岁的空巢老人王兴臣，家里用电线路老化，协会组织志愿者帮助改造线路，并安装了节能灯。老人激动地连声说："真是太感谢了，今后再也不用为用电担心了！"仅今年年初以来，协会就为近百名贫困学生和困难群体实现了"微心愿"。

东港市爱心义工协会的志愿者们因爱出发，为爱奔波，风雨兼程。女童保护团队先后为20多所城乡小学及社区授课，惠及2万多名儿童，并到贵州等地做支教服务；少年团坚持每月开办两次国学讲堂，传承中华优秀传统文化；流动"爱心亭"常年深入城乡开展免费饮水、紧急救援、发放黄手环、接待弱势群体求助等公益服务；安居工程"为您安个家"项目，每年投入20多万元，为困难群众更

换门窗、粉刷墙面、添置家居用品等；社会实践感恩成长营，积极响应国家号召，组织学生开展爱心义卖、走访贫困家庭、为留守儿童志愿支教等社会实践活动；东港救援队，76人次奔赴灾害现场，开展专业救援，为灾区运送救援物资价值近20万元；疫情防控志愿队，积极配合政府部门发放防疫物资，为一线卡点人员捐赠物品价值33万元。协会还积极争取壹基金支持，为农村贫困孩子争取1500多套共计价值100余万元的温暖包，连续3年为丹东地区34所小学捐赠平安减灾器材，为33所小学捐赠净水设备及水杯，受益孩子达3万多人。协会成立至今，已发展志愿者近千名，累计开展公益活动5000多次，捐助爱心钱物折款2500多万元。协会先后获"辽宁公益联盟优秀执行机构""辽宁省学雷锋最佳志愿服务组织"等20余项荣誉。协会发起人、会长李海涛被授予"全国首届优秀敬老志愿者""辽宁省最美志愿者""辽宁好人""辽宁省疫情防控最美志愿者"等荣誉称号。一大批爱心义工获得了"优秀志愿者""东港好人"

等荣誉。

爱心事业是奉献者的事业，也是能带给人崇高感和幸福感的事业。据了解，目前丹东市共有志愿服务组织 3130 个，志愿服务项目 10103 个，实名注册志愿者 449275 名。这些由机关干部和社会各界人士组成的志愿者队伍活跃在城乡各地，成为疫情防控、文明城市创建和各项事业发展的一支重要力量，也使得丹东这座美丽的边境城市、英雄城市更具魅力、更有温度。

（作者系丹东市政协委员，丹东市政协研究室主任）

兴隆台的兴隆之路

王 春

位于辽河下游南岸的盘锦市兴隆台区历史悠久。5000 多年前，我们的先民就在这块土地上寻找宜居之地集聚，点燃了辽河流域的那一缕炊烟。在全国第二次文物普查时，兴隆台的粮家村发掘出土了红山文化典型器物——夹砂红褐陶刻画纹陶片。正是这一枚小小的三角形彩陶片，将兴隆台的历史追溯到 5000 年前。

这个塞外的小村落最初名为窟窿台——因辖区内一处烽火台年久失修出现窟窿而得名。后有文人雅士按谐音将窟窿台改为兴隆台，期盼安居乐业、百业兴隆。虽然愿望美好，但是兴隆台并未兴隆。

红山彩陶片 　　　　　　　　 出土器物

297

新中国成立后，兴隆台发生了历史巨变。20 世纪六七十年代以后，辽河油田陆续在这里设总部、盖楼房、修道路、开办商业网点、建设中小学校、成立医疗机构，本地人口不断增加，社会各业繁荣兴旺。从 1984 年开始，辽河油田原油产量连续 6 年以 100 万吨的速度递增，到 1986 年建区时，原油产量突破 1000 万吨，油田附属企业发展到 125 家，工业产值达 5300 万元，有效拉动了国有、集体经济和个体商业竞相发展，中心繁华地段逐渐形成商业区，兴隆台已经初现兴隆。

本着"为油田生产建设服务、为全区人民生活服务"的建区宗旨，兴隆台区人民艰苦创业、励精图治，在昔日低洼沼泽、杂草丛生的盐碱滩上，书写了改革发展的宏伟篇章。20 世纪 90 年代中期，兴隆台区就已经从欠发达地区一跃跨入经济发达县区行列，财政收入、企业利润双超亿元，1994 年、1995 年连续两年被省政府授予"双亿经济大区""发展经济先进城区"称号。"十三五"期间，全区经济综合实力保持在全省 59 个城区第一方阵，兴隆台逐步

1991 年，按原貌重建烽火台，原址为一处高台地，高出地表 2.8 米，南北长 35 米，东西宽 30 米

走向兴隆。

近年来，兴隆台区在创新开拓中加快发展，在拼搏实干中奋勇争先，把"九河下梢、十年九涝"之地发展成为环渤海经济圈重要城区之一。2021年，全区城市居民人均可支配收入实现55825元，完成总量在全省59个城区中排名第4位，兴隆台真正昌盛兴隆。

如今的兴隆台区，有着湿地之都的秀美：城区规模不断壮大，项目建设如火如荼，城市功能日臻完善，犹如一幅浓墨重彩的丹青画卷，展现在悠悠辽河的左岸，让人回眸间满是惊艳与欣喜；如今的兴隆台区，已成长为一座绿树丛里高楼林立、充满时尚活力的现代化城区，彰显着独具魅力的颜值。

如今的兴隆台区，有着石油之城的伟岸：协同发展的历史机遇、油地融合的深厚底蕴、聪明的城市大脑、优秀的营商环境、宽阔的主次干道、完善的基础设施、均衡的教育资源、亮丽的绿化景观、旖旎的湿地风光、高档的居民小区、温暖的爱心驿站、繁华的特色街区、崛起的文化产业、沉浸的数字体验……这里，更加宜居、更有品质、更具魅力，碰撞着现代元素，焕发着勃勃生机。

40年的蝶变，让我们既看到了兴隆台的发展速度，也看到了无比光明的未来。兴隆台区，这个临水而生、因古得名、缘油而兴的城区，是流淌千年的辽河水赋予了她独特的气质，是传承已久的辽河魂孕育了她丰富的内涵。明天，兴隆台必定更加兴隆！

（作者系盘锦市兴隆台区政协党组书记、主席）

追忆峥嵘岁月，传承红色精神

曹桂敏

我的父亲曹德义，1929 年出生在辽西大凌河畔，幼时家境贫寒。1948 年在东北解放前夕光荣入伍，先后参加了辽沈战役、平津战役，1949 年随大军南下，1950 年 10 月随志愿军入朝作战，在第四次战役汉城南阻击战中英勇负伤。1953 年，父亲转业到家乡凌海市工作、生活至今。

父亲今年 93 岁高龄了，平时身体倒也硬朗，只是脑子一天比一天糊涂，记忆力越来越差，很多事情都不记得了，唯独对他的革命生涯时常念起——这些刀光血影已经深深镌刻在了他的脑海里。

1951 年 1 月，抗美援朝战争第四次战役打响，父亲所在的 38 军 112 师 334 团三营八连为了拖住敌人，掩护后续兵团抵达目的地，与敌人展开了殊死较量。战斗异常惨烈，父亲所在的连队只剩下一半的人，其中三排七班所守的山头，被敌人用炮火彻底轰平。在万分危急的关头，父亲没有丝毫犹豫，他身着单薄的衣衫奋不顾身地从阵地后面冲上去，横穿敌人的封锁线，直插敌人的火力点。敌人的炮弹暴风雨一般飞射过来，父亲的肩头和腿部都被击中，鲜血染红了衣衫。万幸的是，父亲总算是从死亡线上捡回了一条命。

硝烟随时光推移，逐渐淡出人们的视野与记忆，但是战争的伤痛不曾远离父亲，就是在几年前，父亲不小心被车碰了一下，去医院做 CT 检查时，腿部发现了不明物，后来才知道，那是尚未取出的弹片，它竟在父亲的身体里存留了 70 多年。

"那时候，真的太艰苦了！"直到现在，父亲还常常重复这句话。

战士们饱受着饥寒交迫的生死考验，白天不能冒烟，晚间不能生火，一点点的高粱米都没法煮好，有时甚至是夹生的。为了把饭送到阵地前沿，父亲把吃的用雨布包好，背到山上，送到战士们的手里。至于饮水，只能是地上掺着沙子和炮灰的积雪——有的战士实在太渴了，竟把擦枪油喝了。

　　苦是真的苦，可父亲却从没怕过苦。不论是在战场上，还是负伤后回到地方，他什么脏活累活都要冲到前头。

　　他常常教育我们："人就要有责任、有担当，不怕艰险，敢于奋斗，你爸爸是党员，是党员就得在关键时刻站出来，冲上去！"精神所在，就是血脉所在，父亲一直激励我们，他盼望着我们——他的下一代，做一个有思想、有作为的人。

　　即便离休多年，父亲依旧积极参与民间公益事业和革命传统传播活动，期颐之年的他更愿将红色基因永远传承。在中国人民解放军建军90周年之际，父亲参与了家乡举办的建军节纪念活动，父亲向在场的所有人讲述了那段历史，他的真实经历感染了每一个人，震撼了每一个人的心。在电视剧《三八线》拍摄之际，父亲应邀同剧中的主演进行了交流，他把最真实的经历、最切身的感受讲给主演，让他们和电视机前的所有观众更真切地了解那段难忘的历史。

　　我深知，年迈的父亲之所以如此，意在将他的刚强、他的坚毅、他的精神传递给他身边所有的人，让老一辈革命人的革命传统薪火相传。

父亲的故事说也说不尽，作为他最小的女儿，我深感骄傲；作为从战场上走下来的革命军人的后人，我将踏着父辈们血染的足迹，不忘初心、牢记使命，将红色精神传承下去！

（作者系锦州凌海市政协委员，益安保险代理公司凌海分公司业务经理）

昔日矿坑变身生态花园

冯　萍

　　西露天矿是抚顺工业文明的见证者，置身其间，可以领略到大自然的神奇伟力。1958 年，毛主席曾在这里写下"大鹏扶摇上青天，只瞰煤海半个边"的诗句。

　　位于抚顺市望花区东南部的西露天矿始采于 1901 年，1914 年转为露天开采。1901 年 10 月 8 日，奉天将军增祺呈书上奏，请批开采

日占时期的西露天矿

千金寨煤矿（现抚顺西露天矿坑），光绪皇帝朱批："着照所请该部知道。"12月9日，增祺正式向申请开矿的王承尧、翁寿颁发了"开采批准书"。王承尧随即开始募集商股，先后筹集资金十万两，组建了"华兴利公司"，成为抚顺煤矿近代开发史上的首任矿主。从此，抚顺西露天矿拉开了近代开采的帷幕。

王承尧开矿之初，与其同时获得抚顺煤炭开采权的资本家翁寿幕后勾结俄商入股，一直觊觎抚顺煤矿。1904年，沙俄武装占领抚顺煤矿直至1905年3月日俄战争结束。1905年至1945年，日本侵略者开始了对抚顺煤矿将近40年的疯狂掠夺。直到1948年10月，抚顺煤矿才重新回到人民手中。

新中国成立后，抚顺西露天矿开始了恢复建设工作。历经五次技术改造，煤炭生产能力很快超过千万吨，抚顺也因此成为国家重要的煤炭生产基地，被誉为中国"煤都"。抚顺西露天矿向新中国奉

技改后电铲装车情景

305

西露天矿生态修复新面貌

献出了第一吨煤、第一桶页岩油，更是用无数双布满老茧的双手和澎湃的激情采掘出"工业食粮"。

2018年9月28日，习近平总书记考察抚顺西露天矿，为矿山发展指明了方向。四年来，按照习近平总书记提出的"要本着科学的态度和精神，搞好评估论证，做好整合利用这篇大文章"的指示要求，西露天人坚持以安全为中心，以生态环保为根本，坚守"绿色低碳发展"理念，先后投入大量资金开展矿坑削坡减重、回填压脚、疏干排水、边坡监测、消防火、生态修复及环境整治七大工程，并积极开展生态恢复建设，秉承"宜绿则绿、宜林则林、宜景则景"的原则，合理配置林草植被，先后组织万余名干部开展大型义务植树活动，栽植各类树木100余万株，生态修复总面积达110多万平方米，促进了矿坑生态系统质量的整体改善和全面提升，谱写了百年露天矿综合治理、整合利用、转型发展新篇章。昔日的内排土场现在已变成绿树成荫、鸟语花香的生态花园。

历史赋予了西露天矿太多值得永远铭记的瞬间。一个世纪的荣辱悲欢，就像一曲用命运谱就的交响，充满着跌宕与起伏、屈辱与抗争、阵痛与思变、谋略与转型。西露天人将用全部心血与汗水，使百年露天这艘承载着世纪沧桑的巨轮犹如凤凰涅槃，在奔腾的烈焰中实现浴火重生！

　　（作者系抚顺市望花区政协委员，抚顺矿业集团有限责任公司西露天矿生产计划科科员）

一位老农艺师和果农的"患难之交"

张　霞

66 岁的于静利对"三农"有着特殊的情怀——工作时，他每天早上 5 点准时走入田间指导农户；退休后，他发挥专长，通过镇关工委这个平台培养青年农业科技人才。

上任镇关工委副主任的第一个月，老于就举办了第一期"农民果树栽培技术"培训班。面对台下 100 多人，他激情澎湃地讲了 4 个小时。许多听他讲座的"粉丝"都成了他的弟子：得益于老于指导的郭连飞，掌握了培育软枣猕猴桃新品种和育苗技术，采用"冠上软枣子、冠下山野菜"的立体经营模式，建立了网上销售体系；西关村花卉专业户廉云波，在老于的指导下引进新品种，掌握了修剪花卉技术，成为桓仁的养花大王！

渐渐地，老于成了桓仁镇的名人，他的电话也成了热线——每年春秋季节，他经常在睡梦中被电话声吵醒。全镇 200 多家果园多大规模、多少树龄、年产收入多少老于都熟记于心。遇到病虫害，他就找个灾情严重的地方开个现场会，现身说法在实践中培训。果农们亲切地调侃说，老于帮助大家解决了许多疑难病害问题，是他们的"患难之交"。

　　镇里泡沿和凤鸣两个村的扶贫项目果园管理不善，老于就主动找到镇长，毛遂自荐担当起了两个村300多亩扶贫果园的总技术员。三年果园初见果就产了5万多斤果。

　　在技术指导和走访中老于发现，许多贫困户缺少的不单单是资金，更多的是技术和胆量。他利用关工委结对帮扶的机会，促成各个村联系让"五老"、村干部与建档立卡户帮扶结对89对。他自己与刘家沟村的低保户孟庆宝夫妇结对，帮助他们建立了6亩葡萄园和两栋小温室，栽上早熟葡萄。在老于的帮助下，葡萄园成了沈阳农大的帮扶实习基地，夫妇俩每年净利润达7万多元，提前实现了脱贫目标。

　　退休6年来，老于走遍了桓仁镇各村，指导农户发展果蔬生产70多户；新扶持50亩以上标准果园100余户，全镇年增收达1000多万元……

　　"是党和人民培养我获得'农艺师'这个称号，我必须在自己的有生之年发挥余热，把所学技能全部奉献给我所钟爱的事业。"老于这样说，也是这样做的。他凭着一腔热情和一身技能，践行着一个老农艺师的大爱与担当！

（作者系本溪市政协委员，桓仁满族自治县桓仁镇西江中学工会主席）

我的家乡——"五色锦"

曲子清

1984 年，盘锦刚刚领到"出生证"的时候，我正在学校读书。那时，盘锦还没有高楼，凛冽的风吹得天地动容，疯长的芦苇、野草绿得逼人……这番景象常让我向往书中所描绘的城市模样。

毕业后，我开始和一群热血青年开发建设这片盐碱地——喝的是漂白粉味道的碱水，住的是低矮的平房，一年四季吹着漫天的风。冬天，手都冻得干裂了；夏天，大蚊子飞舞着猎猎有声……但是恶劣的自然条件并未阻挡创业者的脚步，在一片热火朝天的干劲儿中，盘锦逐渐迎来一派欣欣向荣的景象！

在这片火热和沸腾中，我们也在和盘锦一起成长——我们在街道上嬉笑打闹，在小摊上分吃一串糖葫芦，在寒风里抢着吃冒着热气的肉串，我们共同抢一本书看，为争一个观点打打闹闹，去新落成的影院看首场电影，去新剪彩的公园初游，去新建成的马路上遛遛……我们比谁都关注盘锦的"第一次"！

渐渐地，盘锦的城市元素被慢慢涵养出来，开始有了新模样。油田和湿地特征逐渐显现，围绕油田和湿地，盘锦产业、文化开始兴旺，城市规划步入正轨，盘锦开始在省内乃至国内崭露头角！

随着时间的流逝，我们和这座城市一样，进入相对平稳的中年期，从各自岗位的龙套成为领衔主演，我们细致描画、耐心呵护；

我们兢兢业业、恪尽职守；我们激情满怀、永不言败；我们攻坚克难、敢为人先。我们比任何人都热爱这个城市，因为这个城市和我们的成长息息相关；我们比任何人都努力奋斗，因为这个城市与我们血脉相连。

一有时间，我们还会相携踏寻这个城市的各个角落，我们用"锦绣之城""一盘锦绣""魅力五色锦"这样的溢美之词表达热爱和自豪。

我一直比较喜欢用"五色锦"这个词概括盘锦这座城市的地域特色——绿色的芦苇一望无际，而秋季芦花飘飘，特有的清香洒满城市；红色的碱蓬草如城市嫣红的胎记，如霞似火，令这个城市更加出挑；黄色的稻米举世闻名，河海交融孕育出的碱地大米饱满莹白，吃了唇齿留香；蓝色的海洋为渔雁先民提供初始养分，也为盘锦再次扬帆启航提供便利；黑色的石油翻滚着黑金巨浪，"石油之城"是这个城市永不褪色的标签。

回望自己，一路跌跌撞撞，转眼间青丝染白、烟尘满面，不知不觉地长成生活本来的模样；回望城市，则吐故纳新，长成一张层次分明、魅力四射的五色锦。在锦缎和城市之间散落着一个个花团锦簇的美丽村庄，把城市和湿地无缝连接在一块儿。而城市建设者

们更多地把眼光投注到民生方面，在这里工作、生活的人们纷纷夸赞盘锦的交通便利、生活便捷、环境优美、管理有序，甚至发出哪儿都没有盘锦好的感叹！

曾经艳羡别处风景的我们，如今也着实自豪骄傲了一回，仅用了三十几年，盘锦就实现荒滩变成锦绣的华丽转身！市第八次党代会再次精准确定盘锦发展的基点方位：自觉在全省、全国大局当中审视和谋划盘锦改革发展，科学研判当前形势，强化质量效益导向，强化内涵品质导向，强化生态保护导向，让生态优美、环境良好、自然宁静、宜居宜业成为盘锦未来的"金名片"。特别是建设绿色生态慢行系统，实现"碧玉入盘，锦上添花"的城市发展目标，令我们心潮澎湃、热血沸腾！

盘锦，见证了我们青春的魅力五色锦，充满无穷的朝气与活力，在她的怀抱里，我们已经成长为一张闪亮的五色锦！

（作者系盘锦市政协委员，盘锦市文学艺术界联合会党组成员、副主席）

313

脱贫路上的委员风采

石宏声

兴城市政协工商联、经济界别委员李健夫、赵质涛、苏鹏、王明阳、贾宝军、杨景彪，均来自民营经济战线。他们因政协而熟识，又因政协而团结在一起——在组织的号召下，他们各显其能，在脱贫攻坚战场上展现政协委员的风采。

扶贫车间下乡来

2016 年底，在工商联、经济界别组织下，6 位政协委员经过充分酝酿和实地考察后，借助当时泳装产业正处于上升期急需扩展产能的实际情况，决定发挥苏鹏、王明阳两人在泳装行业打拼多年熟悉产业发展的资源优势，与省级贫困村——碱厂乡碱厂村达成合作协议，创造性地开展了产业扶贫新模式——村企合作联合建厂的精准帮扶活动。

6 位委员从资金、技术、订单、管理等方面全力帮扶村委会建立村办集体泳装厂，吸收本村村民和贫困户就业，解决"空壳村"村民就业和贫困户增收问题。

经过一段时间试点运作，该精准扶贫模式，取得了较好经济效益和社会效益。此后几个月，他们又陆续按这个模式与碱厂乡朱家村、高家岭镇高家岭村、南大乡北英村、曹庄镇后湖村等脱贫攻坚村建立了扶贫工厂，投入资金 400 余万元，解决当地建档立卡户和村民就业 340 余人。

经济村主任走马上任

2019 年 11 月，兴城市委、市政府召开兴城市经济村主任聘任大会暨村集体经济发展推进会，会上聘请了 55 位企业家为 110 个经济落后村的经济村主任。其中，赵质涛、李健夫、贾宝军三位委员分别担任了白塔上范村、清水村、沙后所王洼子村、三道沟头道沟村的经济村主任。

职务意味着责任。走马上任后，他们深入村屯调研，结合各自企业经营特点，积极探索扶贫合作项目发展。

道沟乡头道沟村青山民宿

赵质涛在上范村荒山上建设占地 100 余亩的生态养殖场，在为帮扶村增收的同时，帮助和带动了当地 20 余户养殖户增收致富。此后，赵质涛又在帮扶村清水村建起了兴城第一家牲畜交易市场——清水牲畜交易市场，为村集体年增收 10 万元，有效地促进了全市养殖业的活跃和发展。

李健夫在帮扶村头道沟村租赁村民闲置老旧房屋，将其改造成乡村旅游休闲民宿，依托周边青山景区开展旅游接待服务，带动当地乡村旅游发展，村民经营当地土特产品，促进增收。

贾宝军在帮扶村王洼村建设水产加工项目——新河水产加工厂，依托本地海产品资源优势加工海蜇、虾酱以及贝类、鱼类、虾蟹等具有地方特色的旅游休闲食品，安排村民就业，为村民修建 5 座垃圾收集转运箱，极大地促进了当地水产业的发展。

为了更好地促进地方小微企业发展，服务地方经济建设，在政协组织等单位支持帮助下，6 名委员倡导成立了兴城市小微企业商会，带领志同道合的小微企业人士积极创新创业。在发展壮大自己的同时，他们还将带领大家在振兴的道路上行稳致远！

（作者系葫芦岛兴城市政协委员，葫芦岛兴城市红十字会专职副监事长）

后　记

　　"讲好'辽宁故事'，展示良好发展预期"界别组活动是辽宁省政协凝聚共识工作的特色品牌。自 2021 年 8 月活动开始以来，省市县三级政协委员沉下身子搞调研，用心用情讲好"辽宁故事"，产生了广泛的社会影响。一个个饱含深情、充满希望的故事，不仅表达了政协委员的心声，也生动呈现了辽宁省市县三级政协组织、四级政协委员以协商聚共识、以共识固团结，聚焦聚力画出团结奋斗最大同心圆的履职风貌。各级各类媒体发布委员讲述的文字、视频故事 7300 多个，全网总阅读量 9400 万，活动的社会影响力和品牌号召力不断提升。本书继续收集整理媒体发布的精彩故事 100 个，结集成册，公开出版，形成系列。

　　在本书的出版过程中，得到了辽宁省政协办公厅、研究室、各专门委员会以及各市政协的大力支持。中国文史出版社工作人员为此付出了辛勤努力，在此一并致谢！

　　由于编者水平有限，书中难免有疏漏之处，敬请广大读者批评指正。

本书编写组

2023 年 2 月

图书在版编目（CIP）数据

政协委员讲辽宁故事. 3 ／ 本书编委会编. -- 北京：
中国文史出版社，2023.5
ISBN 978-7-5205-4028-5

Ⅰ．①政… Ⅱ．①本… Ⅲ．①区域经济发展-辽宁-
文集 Ⅳ．①F127.31-53

中国国家版本馆 CIP 数据核字（2023）第 030813 号

责任编辑：薛媛媛

出版发行：**中国文史出版社**
社　　址：北京市海淀区西八里庄路 69 号院　　邮编：100142
电　　话：010-81136606　81136602　81136603（发行部）
传　　真：010-81136655
印　　装：北京新华印刷有限公司
经　　销：全国新华书店
开　　本：720×1020　1/16
印　　张：20.75　　字数：230 千字
版　　次：2023 年 5 月第 1 版
印　　次：2023 年 5 月第 1 次印刷
定　　价：80.00 元